HEYNE
BÜCHER

Begehrte Sammlerstücke aus zwei Jahrhunderten

Altes Spielzeug

Albrecht Bangert

HEYNE-BUCH Nr. 4840
im Wilhelm Heyne Verlag, München

Titelbild:
Reiter von A. Théroude, Paris Ende 19. Jahrhundert

Innentitel:
Typisch fürs Industriezeitalter: Seriell hergestelltes mechanisches Spielzeug. Der Angler im Boot, die Holzsäger und die Duellanten stammen von Fernand Martin. Um 1900.

Printed in Germany 1981
Farbfotos: Dr. Albrecht Bangert, München
Umschlaggestaltung: Atelier Heinrichs & Schütz, München
Lithografie: RMO-Druck, München
Satz und Druck: Appl, Wemding
Bindung: Grimm und Bleicher, München

ISBN 3-453-41474-8

Inhalt

Nostalgie und Business

Spielzeug-
sammeln heute

Der Terminkalender eines passionierten Spielzeugsammlers ist international. Und voll. Seit Spielzeug zum ernsthaften Sammlergegenstand avanciert ist, hetzen sie von Veranstaltung zu Veranstaltung – die Spielzeug-Besessenen!

Ein neuer Kult
mit alten Sachen

Schon lange gehört der Glücksfall, auf unerkannte Spielzeugschätze zu stoßen, zur Ausnahme der Regel. Statt Zufallsfunden gibt es ein um so größeres Angebot an Tauschbörsen, Toy Conventions, Auktionen und Sammlertreffen in aller Welt. Hier in einer Stimmung von Bazar und Jahrmarkt wird das ehemals niedrig und höchstens zum Gebrauch für Kinder geschätzte Spielzeug zum begehrten Sammlerstück und sein Erwerb zum Ritual.

*Auf der Faszination der mechanischen Bewegung bauten seit dem 19. Jahrhundert fast alle Spielzeuge auf.
Dieses seltene Gefährt stammt von A. Théroude und ist über hundert Jahre alt.*

Wer als Außenstehender diesen Saison für Saison sich wiederholenden Marathon aus Nostalgie und Business verfolgt, wird nicht sagen können, ob man als Triebkraft die Sehnsucht nach verlorenen Kinderträumen oder die Erwerbsgier des leidenschaftlichen Sammlers an erste Stelle setzen soll.

Genf–
New York–Paris

Begleiten wir die Sammler zum Höhepunkt der Frühjahrssaison. Am 3. Mai hält sich die Crême der Spielzeugenthusiasten in Genf auf. Die Schweiz ist ein treuer Bundesgenosse ihrer Bewegung, denn viele Eidgenossen zählen zum harten Kern der Sammlerveteranen. Obwohl an diesem Wochenende allein in Amerika von Küste zu Küste sieben Veranstaltungen angesetzt sind – von der Antique Toy & Model Show in Pittsford im Staate New York über die 8th Annual Midwest Miniature Vehicle & Toy Show in Illinois bis zur Spielzeugverkaufsausstellung in Hayward im sonnigen Kalifornien – sind die großen amerikanischen Händler nach Europa gekommen, denn hier geht die Saison ihrem Höhepunkt entgegen. Am 10. Mai »ist Paris« – eine der großen internationalen Veranstaltungen, zu der das Hilton Hotel von den Sammlern in Beschlag genommen wird.

Auktion im
Diplomaten-
viertel

Fünf Tage später wird nicht getauscht, sondern gehämmert: Dann hat Sotheby in seiner Londoner Dependance im Diplomatenviertel Belgravia ein internationales Aufgebot, und der Flug nach London kann schon früher angetreten werden, um bei der Vorbesichtigung in den kontorähnlichen Räumen die gebotenen Objekte zu besichtigen. Kenner machen vom eigenen Augenschein ihre Auktionsdispositionen abhängig.

Selbst wenn es ab 11 Uhr früh am nächsten Tag Höchstpreise hagelt, wird dieser Termin von fast allen renommierten Sammlern besucht, denn das

17. Mai: Welttreffen der Sammler in London

Verkaufsspektakel ist der Auftakt zum Jahreshöhepunkt: dem Welttreffen aller Fans am Wochenende. Schon der Veranstaltungsort läßt Großes erwarten. Das Cunard Hotel mit seinem geräumigen Ballsaal ist für die International Toy Convention reserviert. Der von außen nüchtern anmutende Hotelkomplex mit seinen an Ozeandampfer und Kinosäle erinnernden Festsälen liegt günstig. Wenn die Sammler und Händler mit ihren Spielzeugkoffern anrauschen, brauchen sie vom Londoner Flughafen Heathrow nicht einmal ins Stadtzentrum. Auf halber Strecke liegt die teure Herberge, in der man an diesem Wochenende nur seinesgleichen trifft. Und die meisten treffen sich wieder, denn sie waren bereits in Genf und Paris zusammen. Ein amerikanisches Ehepaar hat in Paris schon gut verkauft und sucht jetzt nach neuen Sammelobjekten, ein deutscher Sammler berichtet von einer seiner Meinung nach sensationellen Aquisition, die Sammlerprominenz tut geschäftig bei einem Cocktail im Foyer, während einige ganz Versessene auf den Hotelzimmern bereits aus den Koffern ihre Raritäten zum Tausch oder Verkauf anbieten.

Spielzeugtausch im Ballsaal

Am Sonntagmorgen um 7 Uhr ist schon Betrieb am Lieferanteneingang. Eilig verschnürte Pappschachteln, Samsonite-Reisekoffer mit vornehmen Aufklebern, verbeulte Krokotaschen und Waschkörbe stauen sich zwischen munteren Leuten jeden Alters, ehe der gefüllte Lastenheber sich ächzend nach oben in Bewegung setzt, direkt zum Bühneneingang des großen Tanzsaales. Die unüberschaubar große Halle ist mit hunderten von langen Holztischen bestückt, die aufgeklebte Papiernummern tragen. Jeder weiß, wo er mit seinen Kisten, Kartons und Koffern hin muß, und binnen einer Stunde hat sich der Raum in den größten Spielzeugjahrmarkt der Welt verwandelt. Altes deutsches Blechspielzeug aus Nürnberg, daneben einer, der legionenweise Soldaten zeigt, dann ein Hornby-Spezialist mit Eisenbahnen und DINKY TOYS, ein amerikanischer Aussteller hat Roboter und SPACE TOYS, dazwischen einige Raritäten wie große Blechschiffe, Zeppeline und Karussells.

Auf der Wachenburg

Parallel zur Hotelveranstaltung in London findet in Deutschland »die Burg« statt. Wer sich nicht in England im Cunard Hotel umschaut, ist hierher gekommen. Die Rede ist von Weinheim an der Bergstraße mit seiner Wachenburg und der seit einem

Schöne Kutschen sind Sammlerraritäten. Die begehrtesten deutschen stammen von Lutz aus Ellwangen, Märklin aus Göppingen und Günthermann aus Nürnberg. Auch Amerika und England haben auf diesem Gebiet Bestes vorzuweisen.

Jahrzehnt beliebtesten Veranstaltung für Spielzeugsammler in Deutschland. Im verschlafenen Provinzstädtchen ist dann kein Hotelzimmer frei. Wo sich einst Wandervögel tummelten, wird jetzt um Spielzeug gefeilscht, und das schon früh um 6 Uhr. Schon über Nacht sind Unermüdliche mit ihren Autos die kurvenreiche Straße zum buchenbestandenen Burgberg hochgefahren. »Nur so kann man hier oben einen Parkplatz ergattern«, meint einer der Frühaufsteher. Als Ladenlokal dienen Kofferräume und Autodächer. Zum Glück scheint die

Tauschmarkt im Grünen

Sonne, und das schafft Freizeitatmosphäre. Thermosflaschen-Frühstück zu Spur-0-Eisenbahnen, alten Blechautos und Vogelgezwitscher.

Im alten Burggewölbe entfachen sich nach kurzer Vorbesichtigung die ersten Bietergefechte um Spielzeugraritäten, draußen geht der Handel munter weiter. Selten haben mich zwei Schauplätze wie der geschlossene Auktionsraum und der unter freiem Himmel und Buchenlaub angesiedelte freie Tauschmarkt so sehr stimuliert.

Auktion in Chartres

Gäbe es einen Guide Michelin für Auktionsatmosphären, hätte nach der Wachenburg die französische Kathedralenstadt Chartres zu recht drei Sterne. Hier finden die Spielzeugauktionen tatsächlich in der Kirche statt. Unmittelbar neben der Kathedrale hat der Auktionator Lelièvre eine spätgotische Hallenkirche aufgekauft. In diesem feierlichen Gewölbe aus mattem Kalkstein gab es schon manche Sensation, so wurde das auf Seite 66 gezeigte blaue Märklin-Auto im Juni 1981 für 100 000 Francs versteigert. Ein solcher Preis läßt aufhorchen und macht verständlich, daß der Spielzeughandel sich zur Kapitalanlage gemausert hat. Aber auch andere Sensationen wurden hier besiegelt. In einer vorhergehenden, den Eisenbahnen gewidmeten Versteigerung brachte es ein einzel-

Nostalgie aus Amerika: Gegenstück zur Blechkonstruktion ist der Eisenguß. Dieses Stück stammt von Kenton.

ner, der Pariser Métro nachgebildeter Triebwagen von Märklin aus Göppingen auf stolze 40 000 Francs, ein Preis, der Insider nicht verblüfft, wo sie aber zu zögern beginnen, weil sich zu recht die Frage stellt, ob hier der Kurswert noch in einer Relation zur Substanz steht.

Bestseller

Mit dieser aus dem Aktiengeschäft übernommenen Bezeichnung trifft man das Preisgefüge für Spielzeug wohl am ehesten. Der Wert entsteht nicht nur aus der Substanz, sondern aus dem Vertrauen in die Marktlage, den Zugewinnchancen und aus der Nachfrage. Bisher war die Tendenz bei Spielzeug stetig steigend, wobei es, wie bei Aktien, spekulative Außenseiter und Standardwerte gibt.

Fliegende Händler

Eine eigene Serviceform für fliegende Spielzeughändler gibt es in den USA. Und fliegen muß man ganz konkret, denn jene Veranstaltungen finden zwar nicht in der Luft, so doch am Flughafen statt. »Kennedy Airport«, »Boston International« und »Philadelphia International« sind die Veranstal-

Kennedy Airport: 35 Dollar für ein »floor right«

tungsorte für solche Sammler-Meetings in den Staaten. Wie zu einer Geschäftsbesprechung trifft man sich für einen Tag. Wer nicht selbst Aussteller ist und keinen Tisch reserviert hat, kann sich gegen Zahlung von 35 Dollar ein »floor right« erwerben. Mit diesem Zugangsrecht kann er noch vor Eröffnung der Veranstaltung seine Chancen wahrnehmen und den Ausstellern schon beim Auspacken auf die Sachen schauen.

Für solche Spiele Geld zu verlangen, die auf jedem Flohmarkt kostenlos und nur mit Frühaufstehen verbunden sind, zeigt wiederum, wie weit die totale Kommerzialisierung des Spielzeug-Sammelns fortgeschritten ist. Das Spektrum auf solchen ame-

Frühes Sammlerstück aus USA: Ein mechanisches Dreirad aus Gußeisen und Blech. Hersteller Stevens & Brown, um 1870.

Amerikanische Spezialitäten

rikanischen Toy Shows unterscheidet sich von den europäischen Veranstaltungen. Hier finden sich COMIC STRIP TOYS, altamerikanische Spielsachen, die einen stark folkloristischen Einschlag haben und viele Spielzeuge aus Gußeisen – einer Technik, die es bei europäischen Herstellern nur sehr selten gab.

Spielzeug vom Auktionskonzern

Auch die Großen im Auktionsgeschäft wie die Konzerne Christie's, Sotheby's und Philipp's haben sich in Amerika mit Spielzeugauktionen einen Namen gemacht. In der Madison Avenue 867 hat das Londoner Haus Philipp's ein altes gründerzeitliches Gebäude gekauft. In diesem, wie ein finsteres, von einem melancholischen Bauherrn bestellten Dornröschenschloß mitten im modernen Stadtverkehr hält Philipp's seine Spielzeugauktionen ab. Die Engländer sind auf dem lukrativen Spielzeugmarkt keine Neulinge, denn Spielzeug-Sammeln war in England bereits schon salonfähig, als man bei uns noch aktiv dabei war, unter die Vergangenheit durch Wegwerfen einen Schlußstrich zu ziehen.

Going, Going . . . Gone. Das große Sammlerkarusell in New York

Stimmung ist auch im Saal, wenn sich für drei Tage im Juni in den neueröffneten York Galleries auf der East Side von Manhattan bei Sotheby das COLLECTOR'S CARUSSELL zu drehen beginnt. Tatsächlich dreht sich neben dem Versteigerungskomitee eine große Bühne, von der aus Zinnsoldaten, Blechclowns, Puppen und gußeiserne Postkutschen die versammelten Liebhaber zur Bewilligung von Höchstpreisen animieren. Auf amerikanisch werden diese Verkäufe mit Sotheby's hauseigenem Slogan angeheizt: GOING, GOING. . . . GONE.

Das kleine Spielzeug in dieser Runde wird zum großen Spiel – zum Pokerspiel. Wo es nicht selten nur darum geht, daß zwei Konkurrenten einander hochbieten. Mit im Spiel ist auch der Auktionator und oft sogar der Einlieferer, der ein Interesse daran hat, daß die Preise nicht fallen. Gibt es einmal keinen privaten Interessenten, so sind immer genügend Händler da, die aufpassen, daß kein Objekt zu billig zugeschlagen wird. Die Mentalität solcher Auktionen ist eine Abwandlung des Duells, wobei derjenige siegt, der bereit ist, ein größeres finanzielles Opfer zu bringen.

MASUYAMA nannte Lehmann seine bezaubernde Rikscha. Ging das Gefährt ins Ausland, brauchte nicht einmal der Name übersetzt zu werden.

MASUYAMA
R·PATENTE
ENGL·PATENT
PATD 2·DEC
U·S·A 25·JAN
LEHMANN
MADE IN GERMANY
773

Das professionelle Pokerspiel um altes Spielzeug ist immer wieder aufregend ... und scheint süchtig zu machen.

Spielzeug und Museum

Spielzeug gehört heute zu einer in sich geschlossenen Subkultur mit eigenen Gesetzen und Bewertungsmaßstäben. Leider haben nur wenige Museen, wie in Nürnberg, das Bethnal Green Museum in London und einige amerikanische Institute rechtzeitig damit angefangen, Spielzeugsammlungen systematisch aufzubauen. Die meisten Museumsleute aber haben den Anschluß verschlafen oder Spielzeug der letzten 200 Jahre in ihrem Kompetenzenbereich nicht unterbringen können. Nach wie vor wird von deutschen Museumsleuten die Meinung vertreten, Spielzeug gehöre zur Volkskunde, wodurch in ihr Blickfeld nur das volkstümliche, handgeschnitzte und aus alpenländischen Bauernstuben gemachte Spielzeug zu gehören scheint. Daß aber gerade die Zeugnisse der Industriekultur würdig sind, als Dokumente systematisch erforscht und gesammelt zu werden, setzt sich erst jetzt durch, wo die Entwicklung, vor allem der Preise, über jeden Ankaufsetat hinausgewachsen sind.

Kann man heute noch mit Sammeln anfangen?

Wer dennoch Spielzeug zu sammeln beginnt, muß mit vollendeten Tatsachen leben. Die Gründerzeit für bedeutende und komplette Sammlungen ist vorbei. Auch Spielzeug ist keine verschlafene Nische und Fundgrube im schon vom Auszehren gebeutelten Antiquitätenmarkt mehr. Viele der großen Sammlungen würden heute selbst mit erheblichen Geldaufwendungen nicht mehr aufgebaut werden können. Was früher Pionierleistung war, ist heute dem totalen Kommerz gewichen. Sogar im Ostblock, einer ehemals reich sprudelnden Quelle, hat man den Wert des Spielzeugs erkannt und generelles Exportverbot erlassen.

Preisbeispiel

Als 1981 eine kleine Märklin-Lokomotive aus den dreißiger Jahren für über 70000 D-Mark versteigert wurde, gab der Auktionator eine Presseinformation heraus, die dem Laien den Eindruck vermittelte, Spielzeug wäre ein Traumland für Schatzsucher. Der Wuppertaler Auktionator schrieb: »Lebenslauf der E800 LMS: Gefunden 1977 in Göppingen aus altem Gerümpel. Von einem Trödler im gleichen Jahr nach Stuttgart für 1000 D-Mark verkauft, der Wert wurde nicht erkannt und die Bahn für 4000 D-Mark 1977 an einen Karlsruher Sammler weiter verkauft. Von dort gelangte 1978 das Objekt für 40000 D-Mark nach Stuttgart und wurde 1981 zur Versteigerung eingeliefert, wo es nunmehr 72000 D-Mark einbrachte.«

Gewinnanalyse

Analysiert man diesen sagenhaften Wertanstieg gründlich, so kann man feststellen, daß drei Jahre vor der Versteigerung für das Objekt bereits 40000 D-Mark bezahlt wurden und drei Jahre später 80 Prozent mehr erlöst werden konnte. Zieht man die Versteigererprovision ab, ergibt sich eine jährliche Verzinsung der letzten drei Jahre von lediglich 7 bis 8 Prozent. Der eigentliche Spekulationsgewinn lag also vor 1978, als man über den Wert einzelner Objekte noch nicht genau informiert war. Heute ist das anders. In den letzten Jahren hat sich das Wissen vervielfacht, weil der Sammlereuphorie der frühen Jahre gründliches Forschen gefolgt ist. Alte Vertreterkataloge wurden publiziert, die Sammler haben die Patentämter durchstöbert und sind dort fündig geworden. Auch in diesem Business gelten inzwischen Kunsthandelsmethoden: Der Nachweis und die Belegbarkeit eines Objektes bestimmen den Preis. Belegbar ist im Falle der Märklin-Lokomotive ihre Seltenheit, denn durch den Ausbruch des Zweiten Weltkrieges konnte dieses Modell nur noch in geringen Stückzahlen nach England ausgeliefert werden.

Seltenheit und Belegbarkeit bestimmen den Preis

Freude für jedermann: Die Serienfertigung erlaubte es dem findigen Franzosen Fernand Martin, die bisher nur Reichen vorbehaltene Automatenfigur erschwinglich werden zu lassen. Manche Modelle erzielten Millionenauflage. Der Geiger wurde 1897 erstmals präsentiert, der heute seltene Tanzbär 1903.

Kommerziell hergestelltes Spielzeug – also von vornherein zum Verkauf bestimmtes – steht im Mittelpunkt des allgemeinen Sammlerinteresses. Weder Eigenbauten noch volkskünstlerische Produkte interessieren so sehr wie das Industrieprodukt. Wie bei Briefmarken zählen die Stücke, die zwar in Serie aufgelegt worden sind, von denen man jedoch genau weiß, daß nur wenige in den Handel gelangten.

Kommerziell hergestelltes Spielzeug erzielt Höchstpreise

Nicht nur aus der Sicht des passionierten Sammlers ist altes Spielzeug von Interesse. Als Produkt des Industriezeitalters vermittelt es ungebrochen den Geist der Neuzeit. Gerade im industriell hergestellten Spielzeug spiegelt sich die Zeitgeschichte von der alten Pferdebahn bis zur fliegenden Untertasse, von der klassischen Clownnummer im Zirkus bis zu Attraktionen aus Comic Strip und Kintopp nahezu lückenlos wider. Wäre nichts von den Erfindungen und der Kultur der letzten zweihundert Jahre erhalten geblieben als die Dinge, mit denen die Kinder gespielt haben, ließe sich allein aus den Spielzeugmotiven ein verblüffend typisches Bild jedes vergangenen Jahrzehnts zusammensetzen.

Spielzeug als Zeit- und Kulturspiegel

Mechanik im Haushalt: Das 19. Jahrhundert brachte nicht nur das industriell gefertigte mechanische Spielzeug, sondern auch die mechanische Haushaltsmaschine.

Spielzeug und Industrie

Die technische Welt von morgen

Wie die technische Welt von morgen aussehen sollte, wurde schon vor hundert Jahren eindrucksvoll demonstriert. Weltausstellungen nannte man jene Veranstaltungen. Sie waren ein Fenster in die Zukunft. Hier zeigten Erfinder, Ingenieure und Unternehmer den Verkehr von morgen, die Warenproduktion mit Hilfe von Maschinen und die gewinnbringende Ausbeutung von neuen Rohstoffquellen, die man für die gefräßige Industriemaschinerie benötigte.

Maschinen für das tägliche Leben

Selbst ins tägliche Leben integrierte man Maschinen zur Steigerung der Produktivität und zur Hebung des »Lebensstandards«. Man schrieb nicht mehr mit dem Federkiel, sondern mit einer Schreibmaschine. Die Urahnen der schreibenden Maschinen wurden schon in den vierziger Jahren in den USA patentiert. An Einfluß konnten die klappernden Tastenapparate nur noch durch die schon 1804 erfundenen Nähmaschinen übertroffen werden. Sie traten in Millionenauflage ihren Siegeszug rund um die Welt an und begründeten eine eigene Industrie.

Sogar zum Rasenmähen gab es eine Maschine, deren Schneidemesser beim Schieben durch gußeiserne Zahnräder in Bewegung gesetzt wurden. Zimmer wurden mit Gußeisenöfen geheizt und schon 1851 brachten die Engländer zehn Jahre vor den weltberühmten Thonet-Schaukelstühlen einen wippenden »Sorgenstuhl« auf den Markt. Sein Material: genietetes Bandeisen.

Eiserne Roboter

Für alle Tätigkeiten und Zwecke wurden im 19. Jahrhundert eiserne Roboter erdacht. Diese Erfindungsflut eröffnete zwangsläufig das Zeitalter der Patente, denn die Nützung solcher Erfindungen bedeutete Gewinn. Und ums Geld ging es gerade in der Frühphase des Kapitalismus. In dieser Aufbruchstimmung entstand auch die Konsumgüterindustrie. Ihre Anfänge lassen sich ebenfalls auf den Weltausstellungen nachweisen. Für Schuhfabriken gab es eiserne Schuhnähmaschinen und Stanzen. Was vorher von spezialisierten Handwerkern zeitraubend gesägt, genäht und gefeilt werden mußte, konnte plötzlich von einem ungelernten Arbeiter maschinell erledigt werden. Maschinen stanzten Zahnräder, bohrten Löcher millimetergenau, verformten Metalle und bedruckten nicht nur Papier, sondern auch Bleche. Dies war der Beginn der Verpackungsindustrie. Je mehr die Pressen, Stanzen und Druckmaschinen auswarfen, um so billiger konnten die Produkte verkauft werden. Und darauf kam es an. Wer billig produzierte, konnte mehr absetzen.

Konsumgüterindustrie

Hierfür ist die Spielzeugindustrie ein Musterbeispiel. Sie stand der eben geschilderten Entwicklung nicht nach. Sie ging als Spezialisierung aus der metallverarbeitenden und keramischen Industrie hervor. Die Metallindustrie produzierte Blechspielzeug und Eisenbahnen, die keramische Sparte Puppenköpfe. Die Forderung nach Rationalisierung war so zwingend, daß sich sofort eine Konzentration auf wenige Produktionsorte abzeichnete. Für viele Länder war es daher billiger, die rationell in Großauflagen produzierten Güter zu kaufen, anstatt selbst in teure Produktion zu investieren. Dieses System jedoch erwies sich durch Zollpolitik und Kriegsfolgen als sehr verwundbar. Dennoch nahm Deutschland in diesem empfindlichen Gleichgewicht der Kräfte bis zum Ersten Weltkrieg den Platz Nr. 1 als Spielzeugproduzent ein.
Da man volkswirtschaftlich Handel und Produk-

Rationalisierung durch Werkzeugmaschinen

Spielzeug für 103 Millionen Mark

tion sehr ernst nahm, wurde von staatlicher Seite über die Entwicklung genauestens Buch geführt. So erfährt man aus offiziellen Handelsstatistiken, daß der Export aus Deutschland 1896 40 Millionen Mark, 1911 92 Millionen Mark und 1913 103 Millionen Mark betrug.

Statistische Zahlen

Fleißige Verwaltungsbeamte haben diese Zahlen ins richtige Licht zur gesamten Weltsituation gerückt. Um 1911 ergab sich vom Gesamt-Spielzeugexport der stolze Exportanteil von 79,72 Prozent

Viele volkstümliche Holzspielzeuge wurden einfach in den Werkstoff Blech »übersetzt«. Wie das Blech das Holz, verdrängte Plastik später wiederum das Blech.

für Deutschland, für Frankreich 11,52 Prozent und für die USA 3,72 Prozent. Am Gesamtexport aller Nationen hatte das damalige Deutschland einen Anteil von $^4/_5$. Selbst wenn diese Statistik nur den Export und nicht die fürs Inland bestimmte Produktion berücksichtigt, bleibt das »Made in Germany«, wenn es um Spielzeug geht, absoluter Spitzenreiter. In dieser Beurteilung hat sich heute, wo altes Spielzeug zum arrivierten Sammelobjekt geworden ist, nichts geändert.

Das traditionsreichste Zentrum für Spielzeug in Deutschland war Nürnberg. Zwar gab es in Schwaben, Preußen und Thüringen Orte, wo sich Heimindustrie und Industrie ganz auf Spielzeug eingestellt hatten. Nürnberg mit der Schwesterstadt Fürth jedoch konnte immer den Ruf als wichtigste deutsche Spielzeugstadt behaupten. Daran hatte auch die industrielle Revolution nichts geändert, denn schon als man Spielzeug in Heimarbeit herstellte und als dann auch die Serienproduktion in großen Fabriken angelaufen war, bewährte sich die fränkische Metropole als Umschlagplatz für Spielwaren in die ganze Welt. »Nürnberger Tand geht durch alle Land«, hieß es selbstbewußt. Wohin die Waren geliefert wurden, weiß man sehr genau. Die Nürnberger Kaufleute hatten internationale Kontakte und waren Spezialisten des Exportgeschäfts.

»Nürnberger Tand geht durch alle Land«

Woher der »Tand« kam, ist zur Streitfrage von haarspaltenden Spielzeugexperten geworden, denn man weiß, daß viele der als Nürnberger Spielwaren bekannten Güter nicht am Ort hergestellt wurden. Die Kaufleute besorgten sich ihre Ware auswärts, zumal das in Nürnberg hergestellte Metallspielzeug viel zu teuer war. Hier wurden für den französischen Sonnenkönig schon aus reinem Silber Soldaten gegossen und für Ludwig XV. Spielzeug aus nicht minder wertvollem Material in Auftrag gegeben. Für das große Exportgeschäft jedoch waren solche Kleinkunstwerke zu kostbar, und man bezog die Ware lieber aus, wie man heute sagen würde, Notstandsgebieten. Bergbauern in Berchtesgaden und Oberammergau schnitzten während der Wintermonate Holzspielzeug, um ihr Einkommen zu verbessern. Die Vermarktung dieser volkskunstmäßigen Spielsachen ging seit dem 15. Jahrhundert schon über Nürnberg.

Die Vermarktung volkskunstmäßiger Spielsachen

Gesicherten Nachschub bekamen die Nürnberger

Ein Akt der Nächstenliebe spart Transportkosten ein

Zwischenhändler, als die Holzschnitzerfamilien im Berchtesgadener Land wegen ihres Glaubens unter Druck gesetzt wurden. Als Protestanten zogen sie es vor, aus Protest gegen die Repressalien der Gegenreformation ihr Land zu verlassen und bekamen die Erlaubnis, sich in Altdorf bei Nürnberg anzusiedeln und dort ihr Handwerk auszuüben. Das kam den Nürnberger Spielwarenhändlern recht gelegen, denn von nun an hatten sie gesicherte Produktionsstätten für Holzspielwaren direkt vor ihrer Haustür. Auch senkte dieser Akt der Nächstenliebe die Transportkosten erheblich.

Ritterspiel um 1500 und was die deutsche Spielzeugindustrie um 1900 aus diesem Motiv machte, zeigt die mechanische Ritterschlacht von den Gebr. Einfalt.

Fabrikationslenkung durch Agenten, Verleger und Kommissionäre

Die Wirtschaftsform des Spielzeugagenten, in Nürnberg Verleger oder Kommissionär genannt, bewährte sich im 19. Jahrhundert immer noch, als man bereits in industriellen Normen dachte. Die Fabrikationslenkung durch die Kommissionäre sorgte für einen gut organisierten und geregelten Absatz, denn die Herstellung erfolgte auf Bestellung und nach Angaben der Kaufleute, die die Bedürfnisse des internationalen Marktes kannten.

Die Umstellung der Spielwarenproduktion vom altbewährten Holz zum Metall vollzog sich nur zaghaft, denn aus der Perspektive des Handwerkers gab es viele Hemmnisse zu überwinden. Nürnberg und seine Schwesterstadt Fürth standen zu Beginn des 19. Jahrhunderts noch stark im Banne der auf Einschränkung und Spezialisierung bedachten Zünfte.

Der Sprung vom Mittelalter in die Neuzeit

Selbst wenn sich heute aus diesen Einschränkungen reizvolle Aspekte für Sammler ergeben, weil die Produkte dieser Anfangszeit noch den Charme von Handarbeit tragen, galt es für die damaligen Handwerker den Sprung vom Mittelalter zur Neuzeit zu wagen.

Zu welchen grotesken Erscheinungen der Zusammenprall früher Industrie und alter zunftgebundener Handwerkstradition führte, beschrieb um 1920 Walter Strauß in seinem programmatischen Buch mit dem Titel DARSTELLUNG DES MODERNEN EISENBAHNWESENS ALS LEHRMITTEL.

»Erst als in den zwanziger Jahren des vorigen Jahr-

Die Belle Epoque aus Zinn und Blei: Bei diesen Figuren ging es nicht nur kriegerisch zu, die friedlichen Brüder der Zinn- und Bleisoldaten tummelten sich in botanischen Gärten, spielten Zirkus, erforschten den Nordpol oder löschten Brände.

Warum Spielzeugtrompeten 40 Jahre lang nicht maschinell gepreßt, sondern von Hand gehämmert werden mußten

hunderts mit der Erfindung der Stanzen und Stempel, der Pressen und Ziehbänke der Kampf um die Verdrängung der bisher vorherrschenden Holzspielwarenfabrikation einsetzte, konnte eine geeignete Grundlage für die Entwicklung der Metallspielwarenindustrie geschaffen werden, als deren Mittelpunkt sich Nürnberg und Umgebung bis auf den heutigen Tag behauptet hat. Dennoch griff die Einführung dieser Einrichtungen nur sehr langsam um sich, da die alten Zunftmeister, auf engherzige Abgrenzung ihres Gewerbes bedacht, sich hartnäkkig jeder Einführung neuer Maschinen und dadurch auch neuer Artikel nicht nur verschlossen, sondern sogar ihrer Durchführung alle erdenklichen Schwierigkeiten entgegensetzten, was noch bis in die ersten Jahrzehnte des 19. Jahrhunderts zu einer gewerblichen Rivalität zwischen Nürnberg und Fürth führte. Wunderliche Einschränkungsbestimmungen, die z. B. einem Flaschner die Benutzung einer Drehbank und umgekehrt, dem Metalldrücker die eines Lötofens verboten, ließen eine sachgemäße Fabrikation trotz der schon vorhandenen Arbeitsmittel nicht aufkommen, wie daher auch unter anderem die Trompetentrichter, statt maschinell gedrückt zu werden, noch bis in die sechziger Jahre mit der Hand getrieben werden mußten. Erst von diesem Zeitpunkt an nennt die Gewerbestatistik Bayerns neben dem rein belustigenden Spielzeug von Kindertrompeten, Kinderwaffen, Häuschen, Puppenküchen mit Kochherden, Chaisen, Sprengwagen u. a. zum erstenmal auch belehrendes Spielzeug wie Modelldampfmaschinen, Eisenbahnen, Elektrisiermaschinen, Mikroskope, Laternae magicae und Kaleidoskope.«

Spielzeug aus Kleinstbetrieben

Mit der fabrikmäßigen Organisation der Produktion wurden die einschränkenden Gewerbebestimmungen außer Kraft gesetzt. Zunächst kann man jedoch von der Zwischenform des organisierten Handwerks sprechen, wo die Meister noch im Familienbetrieb arbeiteten. Vierzehn Stunden am Tag mußte in den Kleinstbetrieben geschuftet werden, ohne daß man über das Existenzminimum hinauskam. Durch die Herstellung von Spielwaren in solchen Kleinstbetrieben wird manches Signet für immer ungeklärt bleiben. Auch haben viele dieser Betriebe die großen Markenhersteller beliefert.

Spielzeug aus der Fabrik

Erst als man zu sogenannten Kraftbetrieben überging, veränderte sich die Produktionsstruktur und ebenso das Äußere des Spielzeugs. Es entstanden Fabriken, kenntlich durch den hohen aus Backsteinen gemauerten Kamin, durch den der Rauch der Dampfmaschinenfeuerung abzog.

Ein geplanter Produktionsablauf

Der Einsatz von Dampfkraft als Antriebsenergie erforderte neue Werkzeugmaschinen. Um die Dampfkraft richtig auszulasten, investierte man in Stanzen, Pressen und mechanische Drehbänke. Der Entstehungsprozeß eines Spielzeugs unterlag so nicht mehr dem handwerklichen Geschick und der Erfahrung, sondern einem vorhergeplanten Produktionsablauf. Selbst Handbemalungen, wie sie bei Zinnsoldaten nicht zu ersetzen waren, wurden beim Blechspielzeug durch farbigen Blechdruck ersetzt. Die in der Fläche bedruckten Bleche wurden ausgestanzt und geprägt, während bis dahin die Rohprodukte erst nach fertigem Zusammenbau von Hand farbig lackiert wurden. Ein weiteres Kennzeichen einer rationellen Industrieproduktion ist der Wegfall komplizierter Lötungen. An ihre Stelle trat die Blechlasche.

Auch in Nürnberg zeigte die Gründerzeit ihre Folgen. Mit Kapital und Einsatz rationeller Maschinen entstanden große Fabriken, die den Weltmarkt mit Spielzeug versorgten. Wie spontan solche Produktionsstätten ins Leben gerufen wurden, zeigt die Geschichte des Hauses Carette.

Der glanzvolle Aufstieg des Georges Carette

Georges Carette war der Sohn eines französischen Photographen, der den Pariser Messestand eines Nürnberger Hopfenhändlers zu photographieren hatte. Aus diesem Kontakt zwischen deutschem Unternehmer und Pariser Lichtbildner ergab sich eine enge Freundschaft, die den Nürnberger Kaufmann veranlaßte, den aufgeschlossenen Sohn Georges zu sich nach Nürnberg zu holen. Da der junge Mann Talent und Erfindungsgabe bewies und der Nürnberger Kaufmann das notwendige Geld hatte, gründete man bald eine Fabrik. Das Produktionsprogramm: Mechanische, optische und elektrische Lehrmittel und Spielwaren.

Carette unter Spionageverdacht

Im Zeichen der ersten Wirtschaftswunderzeit florierte das Geschäft, dem lediglich im Ersten Weltkrieg die Politik zum Verhängnis wurde. Georges Carette war Franzose geblieben und in der allgemeinen Spionagehysterie konnte sich der französische Wahlnürnberger nur durch Flucht retten. Sein Vergehen: Er hatte zu Beginn des Ersten Weltkrieges an einem privaten Rundflug teilgenommen.

Wie Carette ist der Name Bing Inbegriff für Nürnberger Gewerbefleiß. Bing firmierte zunächst als Handelshaus, wurde aber dann selbst zum Produzenten und nicht nur zum Spielwaren-Produzenten. Sein Angebot war gemischt. Es reichte vom Meßbecher und Kruzifix bis zum Putzeimer und Grammophon. Allein in der Produktion beschäftigte man zu Beginn des Ersten Weltkriegs 6000 Leute und unterhielt ein eigenes internationales Vertreternetz, denn eigene Vertreter und selbständige Exporteure waren im Zeitalter der industriellen Fertigung unverzichtbare Bestandteile der Spielzeugindustrie. So vermied man Risiken und wußte immer, was am internationalen Markt gefragt war. Ob man Postkutschen, Antarktisschlitten, Zeppeline bauen, Laterna Magica Projektoren ins Programm aufnehmen oder historische Zinnsoldaten gießen sollte.

Aus der deutschen Spielzeugkiste: Die meisten Artikel gingen ins Ausland.

Wieviele Zeppeline sollen gebaut werden?

Mechanik unterm Rock: Flamenco-Tänzerin, made in Nürnberg

Freie Exporteure und firmeneigene Vertreter brachten von ihren Aquisitionsreisen und Messen die neuesten Ideen mit. So entstanden Spielzeuge, die besonders auf Aktualität bedacht waren. So entstand nach dem erfolgreichen Kanalflug Blériots in Nürnbergs Fabriken ein Abbild des berühmten Eindeckers, wurden die neuesten Modelle der Doppelstockbusse als Spielzeug herausgebracht und sogar zu großen Katastrophen das passende Spielzeug konstruiert. Als Renault 1903 auf dem großen Autorennen Paris-Madrid bei Bordeaux verunglückte, war die deutsche Spielwarenindustrie mit einem KATASTROPHENAUTO dabei. Wie das Unglücksauto wurde das kleine Fahrzeug nach geraumer Zeit in zwei Teile gerissen und die Fahrer purzelten kreuz und quer durchs Zimmer.

Novelty-Toys oder die neuesten Neuigkeiten als Spielzeug

Aber auch die gut organisierte industrielle Spielzeugherstellung blieb ein Lotteriespiel und ein Kampf um Marktanteile, denn immer ging es um ein Unterbieten der Konkurrenz. Das kam den Modellen wenig zugute, weil oft nur die wesentlichen Formen aus Materialersparnis beibehalten und spätere Auflagen aus Kostengründen nicht verbessert, sondern vereinfacht wurden.

Qualitätsverluste im Kampf um Marktanteile

Der Erste Weltkrieg veränderte nicht nur die politische Landschaft. Nach 1918 war die Vormachtstellung Deutschlands als Spielzeugexporteur Nr. 1 gefährdet. England und Amerika, bisher die sichersten Abnehmer, begannen selbst ihre Produktion auszubauen. Dabei lieferten sie nicht nur hausgemachten Ersatz, sondern entwickelten eine eigenständige neue Linie und, was noch wichtiger war, eine neue Spielzeug-Psychologie.

Nach dem Krieg: Der Spielzeugmarkt wird neu verteilt

»Jeder gesunde Junge hat seine Hobbys. Oft denke ich mir, daß der Ernst und die Gründlichkeit, mit der er sie verfolgt, einen Hinweis darauf gibt, was für eine Art Mann er werden wird, wenn er erwach-

Die Frank Hornby-Story

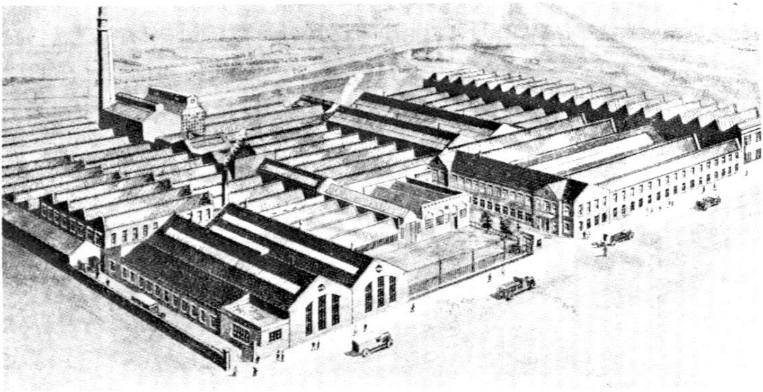

Die Meccano-Fabrik des Frank Hornby in Liverpool 1932–1933.

sen ist. Ein Junge ohne solche Hobbys scheint mir ein zielloses und bemitleidenswertes Leben zu führen. Immer, wenn ich einem solchen Jungen begegne, möchte ich mich neben ihn setzen und mit ihm

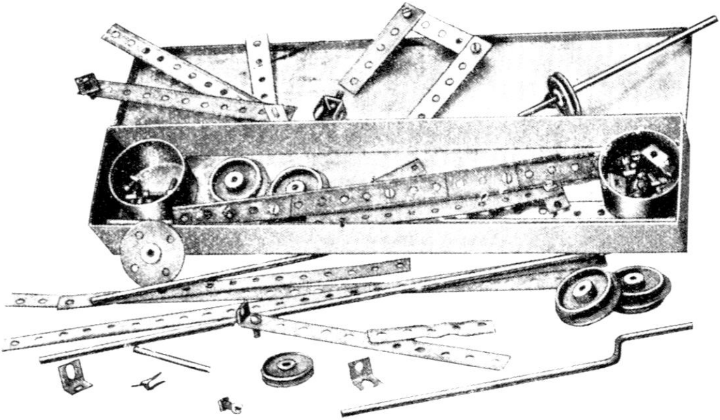

Der Meccano-Baukasten von Hornby, patentiert 1901, war auch Vorbild für Märklin.

reden, um herauszufinden, was seine Interessen sind, und ihn anzuregen und ihn für ein zu ihm passendes Hobby zu begeistern. Dies gibt mir immer das größte Vergnügen, wenn ich sehen kann, wie ein Junge sein Hobby mit Tüchtigkeit verfolgt und immer versucht, mehr noch herauszufinden und seine Kenntnisse zu verbessern wie auch seine Fähigkeiten auszubilden, so gut er kann. Ich weiß, daß diese Besessenheit ein Teil seiner Natur werden wird und daß er, wenn er erwachsen sein wird, die ernsten Dinge des Lebens mit dem gleichen glanzvollen Geist meistern wird.« So sinnierte Frank Hornby aus Liverpool. Seine Hobby- und Lebensphilosophie hatte ihn zum bedeutendsten Spielzeugproduzenten Englands werden lassen.

Weiter spricht der auf sein Leben Zurückblickende

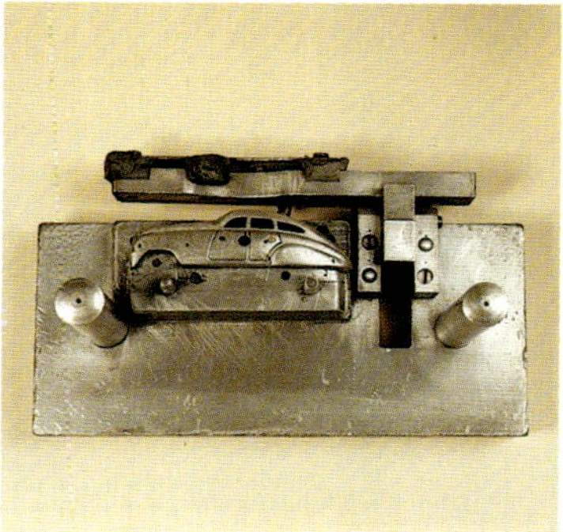

die Jugend auf die Moral des Erfindergeistes an. Er, der es aus den einfachsten Liverpooler Verhältnissen – sein Vater war dort Lebensmittelhändler – zum Spielzeugkönig gebracht hatte, versuchte seinen jungen Anhängern gegenüber der Erste unter Gleichen zu sein. So hat er für seinen spektakulären Aufstieg eine Jedermann-Philosophie bereit, die er auch in jedes seiner millionenfach verkauften Spielzeuge hineingelegt hat.

So beschloß er Erfinder zu werden

Als Junge schon fiel ihm ein Buch über die großen Erfinder in die Hände. Hier wurde beschrieben, wie mühselig es einem James Watt fiel, seine Visionen in die Praxis umzusetzen, wieviele Rückschläge der französische Töpfer Palissy hinnehmen mußte, um endlich die ersehnte weiße Zinnglasur fehlerfrei zu erzeugen, die ihn weltberühmt gemacht hat. Frank Hornby lernte durch dieses Buch die erste Tugend des Erfinders kennen: Ausdauer. Ausgestattet mit dieser Erkenntnis beschloß er »Erfinder« zu werden. Als er in seiner kleinen Werkstatt für seine Söhne Spielzeug baute, fand er durch eine Notlösung die Patentlösung: Beim Bau eines Krans kam er auf die Idee der austauschbaren Teile, mit denen man beliebige Aufgaben technischer Natur lösen konnte.

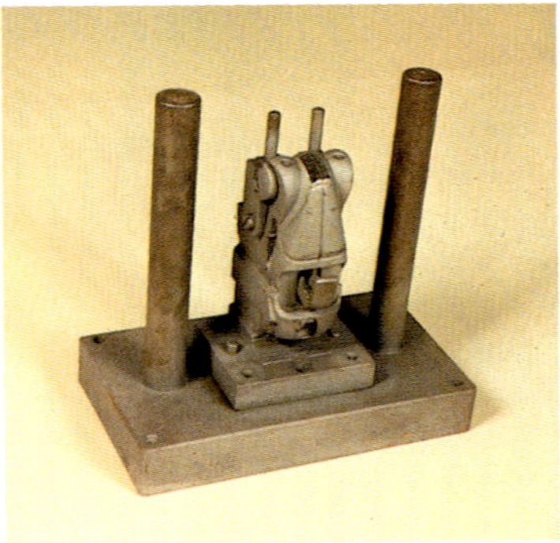

Prägestöcke aus dem Hause Schuco: Erst solches Werkzeug ermöglichte die industrielle Massenproduktion.

Unter der Bezeichnung MECCANICS MADE EASY ließ er am 9. Januar 1901 seinen ersten Metallbaukasten patentieren. Mit genormten Teilen aus Metall konnten ungeahnte Aufgaben gelöst werden, und der Spieler wurde selbst zum Erfinder. Mit diesem System hatte der Brite enormen Erfolg. Ab 1907 nannte er sein System vereinfachend MECCANO.

Die MECCANO-Philosophie

Nicht nur mit diesem Baukasten betrat Hornby Neuland, auch mit seiner Philosophie, denn er verkaufte keine Fertigprodukte, sondern suchte aktiven Kontakt zu den Freunden seines Baukastensystems. MECCANO-Clubs gab es bald im gesamten britischen Königreich, die um die Wette bauten. Für Knaben, die abseits einer großen Stadt wohnten, gab es den »Correspondence Club« – einen Briefclub von MECCANO-Freunden, die sich gegenseitig in Rat und Tat unterstützten. 1910 erschien das erste M.M. Als MECCANO MAGAZIN machte diese monatlich in 70 000 Auflage verkaufte Zeitschrift Spielzeuggeschichte. Sie half das Image von MECCANO zu festigen. MECCANO-Anhänger zu sein, hieß mehr als nur einen Baukasten zu besitzen.

Service für MECCANO-Freunde

Als Hornby Anfang der zwanziger Jahre in sein MECCANO-Reich die berühmten Hornby Trains aufnahm und dadurch den deutschen Eisenbahnherstellern den englischen Markt streitig machte, rief der große Spielzeugpsychologe die HORNBY RAILWAY COMPANY ins Leben, eine Organisation der Eisenbahnfreunde, die bald überall bekannt war und Besichtigungsfahrten zu Eisenbahndirektionen unternahm, gegenseitig Ratschläge austauschte und immer informiert war, was es Neues bei Hornby gab. MECCANO aus Liverpool hatte so von Südafrika bis Australien die größte Service-Organisation der Spielzeuggeschichte aufgezogen.

Noch vor dem Ersten Weltkrieg versuchte Hornby, in den deutschen Markt einzubrechen und gründete in Berlin eine Fabrik, die während der Kriegsereignisse jedoch als Feindeigentum beschlagnahmt wurde. Nutznießer dieser Aktion war Märklin aus Göppingen, der die Produktionsrechte für das Metallbaukastensystem à la Hornby übernahm und in den zwanziger und dreißiger Jahren sein Programm durch diese Baukästen sinnvoll ergänzte. Als Ersatz ging Hornby nach Frankreich und baute in Bobigny bei Paris ein Zweigwerk auf. Sogar das MECCANO MAGAZIN erschien auf französisch.

The Boy who made $ 1 000 000 with a Toy

Kurz bevor »The Boy who made $ 1 000 000 with a Toy« 1936 starb, entwickelte er noch einen weiteren Spielzeugknüller, der ein Welterfolg wurde und um den sich heute eine große Sammlergemeinde schart: die in Spritzguß hergestellten DINKY TOYS – Autos, die ursprünglich als Ergänzung zur Spur-0-Eisenbahn gedacht waren, sich bald aber als eigenständige Bestseller erwiesen. Hornby wurde so zum Image einer Jugendgeneration dank seiner intelligenten und sympathischen Art, ein Spielzeug »mehr als nur ein Spielzeug« sein zu lassen.

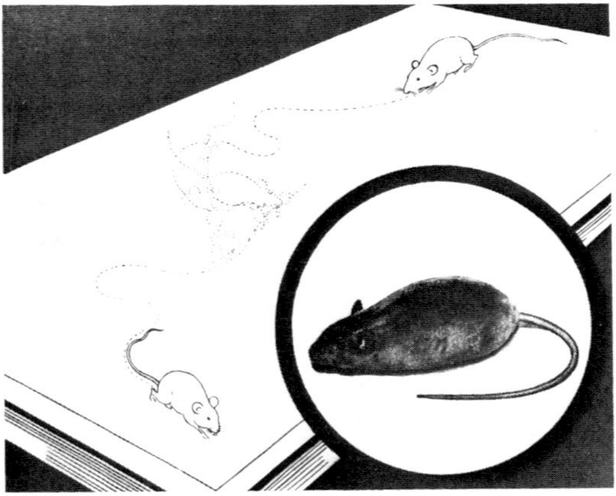

Die rollende Maus von Schuco ist Inbegriff aller neuzeitlichen Wundertiere mit mechanischem Innenleben.

Schuco

Wie sehr Spielzeuggeschichte das Ergebnis konsequent ausgeführter Einfälle sein kann, bewies auch ein Deutscher. Er hieß Heinrich Müller und war Mitbegründer und treibende Kraft der Firma Schuco. Schuco gehört zu den großen Klassikern, denn seit 1978 gibt es diesen Namen nicht mehr im Handel – um so wohlklingender wird er von Jahr zu Jahr beim Sammler.

Intelligentes Spielzeug

Hinter jedem Produkt dieses Nürnberger Spielzeugproduzenten stand wie bei Hornby die Philosophie des kreativen Erfinders. Das Spielzeug von Schuco ist Konzeptionsspielzeug, das nicht blind die Wirklichkeit abbildet, sondern etwas eigenes kann: Ein Frosch kann springen, ein Motorrad so

Mit ausgeklügelter Mechanik schuf Heinrich Müller für Schuco stabiles und zuverlässiges Spielzeug. Teddybär, Affe und Maus sind Varianten des gleichen Purzelmechanismus.

Schucos verblüffende Effekte

kunstvoll fahren, daß es vom Tisch nicht herunterfallen kann. Ein Auto fährt wie von Geisterhand gesteuert auf einen leisen Luftzug los, ein rasantes Automobil überschlägt sich waghalsig, ohne dabei zu Bruch zu gehen und die Fahrt abbrechen zu müssen.

Diese Ideen, die ausgereift in die Produktion gingen, waren das Verdienst von Heinrich Müller, der die Konstruktion so lange an Modellen ausprobiert hat, bis sie zuverlässig funktionierte.

Er hatte zusammen mit dem Kaufmann Heinrich Schreyer die Firma zu einem denkbar ungünstigen Zeitpunkt gegründet. Man stand kurz vor dem Ersten Weltkrieg und mußte in diesen schlechten Zeiten bald wieder schließen. Nach dem Krieg stieg sein Partner aus der Firma aus, den Konstrukteur jedoch konnte nichts in seinem Glauben an seine mechanischen Wunderwerke beirren. Bald beschäftigte die Firma dreihundert Leute und hatte Welterfolg mit der ROLLENDEN MAUS, die mit einem Verzögerungsschalter ausgestattet war, so daß sie

Plüsch und Blech verdeckten den einfachen Purzelmechanismus der Schucofiguren.

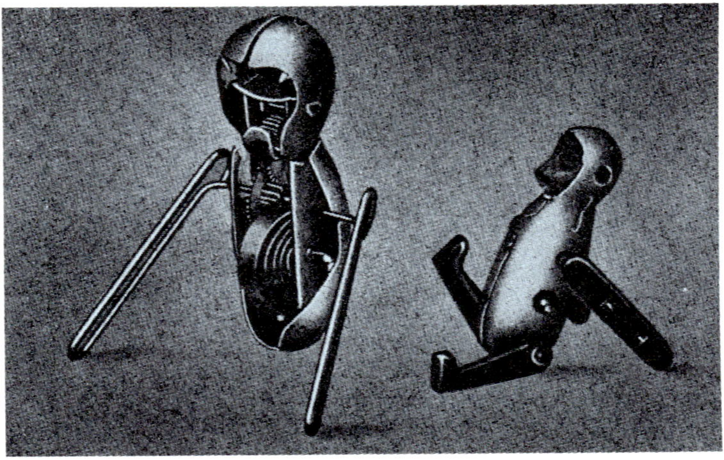

in unvorhersehbarem Moment aus einer dunklen Ecke ihren eiligen Lauf auf unsichtbaren Rädern aufnehmen konnte. Als der Schöpfer der berühmtesten mechanischen Maus, unzähliger Patentautomobile und Überschlagfiguren 1958 starb, waren über 100 Millionen seiner Patent-Spielzeuge verkauft. Obwohl aus Blech, hatten die Schuco-Produkte nicht primär das Image des alten deutschen Blechspielzeugs. Blech diente nur als Unterkonstruktion und war entweder bei Tieren und Menschen mit Filz verkleidet oder bei Automobilen durch eine widerstandsfähige Spritzlackierung veredelt.

100 Millionen Schuco-Spielzeuge

Braune Zeiten für das Spielzeug: Prämierte Schaufensterdekoration eines Spielzeugladens in Münster 1933. Auch das Spielzeug marschierte dem Endsieg entgegen.

Daß Spielzeug ein unfehlbarer Ideologieträger sein kann, womit man die Jugend beeinflussen kann, sahen auch die Faschisten im tausendjährigen Reich.

Die Elastolin-Spielzeugbranche ließ sich als Erste bereitwillig ins braune Geschäft mit dem Nationalsozialismus ein. Als fremdländische Produkte setzte man die bisher produzierten Indianer und Cowboys ab und machte aus Coburg die Hauptstadt der Bewegung. Von hier aus marschierten jährlich 3 Millionen Figuren – alle Waffengattungen der deutschen Wehrmacht, SA und SS, die Pimpfe und der Reichsarbeitsdienst – die Fahne hoch ins Kinderland. Selbst die Reichsgrößen Hitler, Göring und Goebbels hatte man ins Sortiment aufgenommen. Diese Figuren waren mit beweglichen Armen versehen, so daß man bereits im Kleinen den Hitlergruß üben konnte. Zu diesen Reichsgrößen gesellten sich Kampfgenossen wie Mussolini und Franco. War einer in Ungnade gefallen, der Katalog aber schon fertig, fristete diese Figur mit wegretuschiertem Namen noch ein Geisterdasein. Der Mißbrauch der Spielzeugindustrie wurde noch deutlicher, als man Firmen aus jüdischem Besitz enteignete und unter staatliches und linientreues Regiment stellte. So wurde die Nürnberger Firma Tipp & Co., nach der Vertreibung des Firmengründers nach England, zur Spielzeugwaffenschmiede. Trotz Boykott in der Welt hielt sich die deutsche Spielzeugindustrie dennoch durch verstärkte Inlandsnachfrage am Leben.

Nazis im Kinderland

Auch das Sammlergeschäft mit Relikten nationalsozialistischer Prägung blüht, und das besonders im Ausland, wo in französischen, englischen und amerikanischen Vitrinen die »SA marschiert, die Reihen fest geschlossen!«

Wie das Spielzeug laufen lernte

Mechanische Künste

Der Maler kann zwar durch Lichtwirkung und Suggestion Bewegung in sein Bild bringen und der Bildhauer aus dem Stein Leben herausholen, eine tatsächliche Bewegung jedoch kann er nicht schaffen: Die Bewegung wird nur suggeriert. Um echte Bewegung aufzuspüren, muß man sich den mechanischen Künsten zuwenden und sich in die Gilden der Uhrmacher begeben. Sie schufen mechanische

Made in U.S.-Zone
Germany

Ein Wackelmechanismus treibt Hund und Kater vorwärts. Der Kater ist noch handbemalt, die Hunde mit den Spazierstöcken sind schon lithographiert.

Mechanisches Spielzeug für den Kaiser von China

Kunstwerke, die zu den kleinen Weltwundern gezählt wurden. Handwerk, Erfindungsgeist und wissenschaftlichen Eifer setzten die damaligen Uhrmacher nicht nur in den Dienst der Zeitmessung, sondern versuchten immer wieder den uralten Menschheitstraum zu erfüllen, einen künstlichen und mechanischen Menschen zu erschaffen.

Von der Vorliebe der chinesischen Kaiser für solche modellhaften Roboter berichten zahlreiche historische Quellen und sogar Kirchendokumente. Schon im frühen 17. Jahrhundert wußten die Jesuiten, welche Leidenschaft und Besitzgier ausgeklügelte, mechanische Wunderwerke bei ihnen auslösen konnten. Die cleveren Gottesleute kalkulierten mit den Schwächen und der Sammlerleidenschaft der Asiaten, als sie daran gingen, ihr Gottesreich aufzubauen. Da kamen ihnen die Uhren, wissenschaftlichen Instrumente und Automatenfiguren,

Aus dem Kohnstam-Katalog von 1928/30

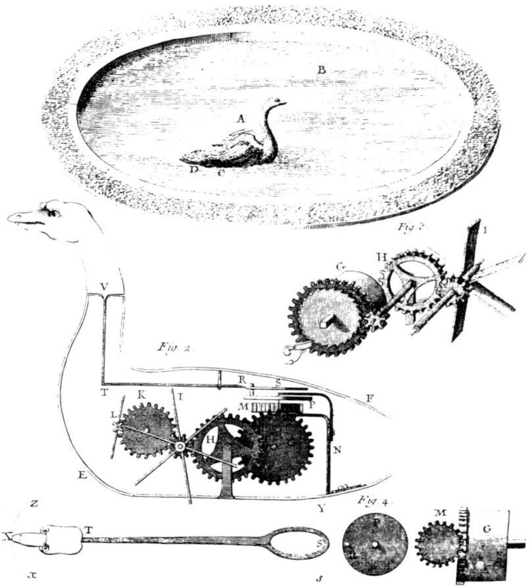

Schon die Illusionsmaschinen des Barocktheaters zeigten, was man alles mit Mechanik machen konnte. Der lebensgroße Schwan von Maillard aus dem Jahre 1730 zog Kreise auf einem See.
Unter den Flügeln versteckt waren, wie bei einem Raddampfer, Schaufelräder, die über ein Uhrwerk abliefen.

die geniale Uhrmacher in Europa zu bauen begannen, gerade recht. Mit diesen mechanischen Wunderwerken bestachen sie die Mächtigen, um in China missionieren zu dürfen. Manches Schiff verließ – mit Jesuiten und reichen Gastgeschenken im Gepäck – die europäischen Häfen gen Osten. Das mechanische Spielzeug für die fremdländischen Kaiser verfehlte nicht seine Wirkung. Die Missionsbesessenen sorgten sogar dafür, daß europäische Fachleute nach Peking gingen, um dort die kostbaren Apparate zu warten.

Begehrte Sammelstücke

Um das Missionsgeschäft richtig anlaufen zu lassen, sandte man sogar einen »Soldaten Gottes« nach Europa, um in Augsburg, München, Paris und Madrid nach aktuellem Sammelgut Ausschau zu halten. Als die Schiffsladung nach jahrelanger Aquisition endlich in Kanton eintraf, waren die Missionare vom Thronfolger, der das Glück des Landes über seine Sammelleidenschaft stellte, ausgewiesen worden.

So bestach man den Kaiser von China

Nach den Christen erschienen bald Handelsleute, die an die alte Tradition des raren und begehrten Gastgeschenks anknüpften. Ende des 18. Jahrhunderts erwarben die Engländer »für einen kolossalen Preis« ein mechanisches Kleinod aus der Schweiz. Vom besten Automatenhersteller Jaquet-Droz kauften sie eine mechanische Figur, die tatsächlich zehn chinesische Schriftzeichen schreiben konnte.

Von einem englischen Uhrmacher durch ein prächtiges Gehäuse verbrämt, trat sie die Reise nach Peking an und ist dort, trotz des Sturmes auf den Sommerpalast 1860, heute noch im Museum zu bewundern.

Japan

Der Ferne Osten aber hat nicht nur die mechanische Welt des Westens übernommen. Japan kann auf

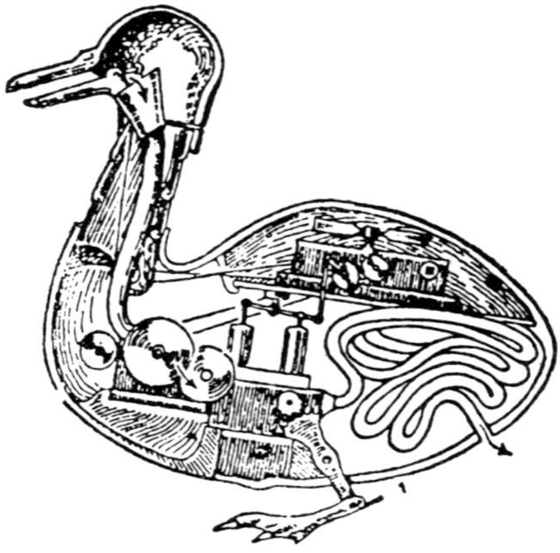

Barocke Schaustellerei: Die Ente des weltberühmten Vaucanson aus vergoldetem Kupfer rief Gelächter hervor, wenn das Wundervieh von goldenen Tellern pickte und ab und an in den Salon »ihren Darm wie eine lebende Ente entleerte«. So hieß es in einer gedruckten Einladung.

diesem Gebiet eine eigene Tradition im Karakuri-Theater aufweisen. Dieses frühe vollmechanisierte Puppentheater begeisterte schon Mitte des 17. Jahrhunderts in Osaka die Japaner. Von der Kultivierung des mechanischen Karakuri lebten fünf Generationen einer Künstlerfamilie. Holzräder, Sand, der auf Mühlen fiel, und Wasser trieben die kleinen Apparate an. Während die Europäer das Innenleben solcher kleinen Wunderwerke geheim hielten, waren die Japaner so freimütig und veröffentlichten im 18. Jahrhundert Bücher mit Bauplänen und Beschreibungen der Wirkungsweise solcher Figuren. So wissen wir, daß es damals in Osaka schon schreibende Puppen, Purzelpuppen,

Nürnberger Spielzeug von 1902

Lauffiguren und teeservierende Geishas gab, deren Kunststücke sich in nichts von den kleinen mechanischen uhrwerkbetriebenen Spielzeugen der westlichen Welt unterschieden.

Bildstreifen aus der Laterna-Magica

Die industrielle Reproduktion der mechanischen Bewegungsabläufe

Der Clou der europäischen Spielzeuge war die industrielle Reproduzierbarkeit, so daß für wenig Geld viele Kinder einen zeichnenden Clown zu Hause hatten. Wenn sie dieser aus Blech geprägten Figur eine kleine, mit unregelmäßigem Rand ausgeformte Platte einschoben und an einer Kurbel emsig drehten, zeichnete der talentierte Spaßvogel das Profil der Königin Victoria, den gallischen Hahn oder nach Wunsch auch ein Porträt von Bismarck.
Aber auch die Servierpuppe der Japaner hat zahlreiche Nachfahren in millionenfacher Auflage. Man vergleiche nur den auf Seite 58 abgebildeten Ne-

Mit den bewegten Bildern lernte auch das Spielzeug laufen.
Bewegung ist Trumpf beim handlackierten Löwenreiter von Günthermann wie auch beim Seilspringen in der Laterna-Magica-Vorführung.
Wie das Kino lebt auch das mechanische Spielzeug von der Zurschaustellung von Bewegungsabläufen.

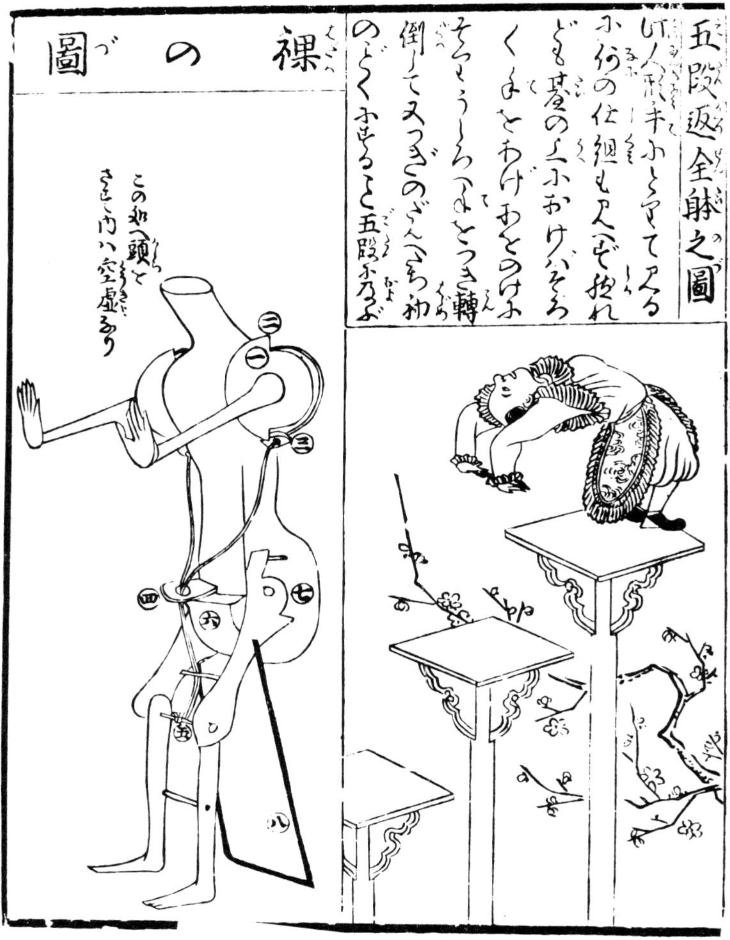

gerkellner von Fernand Martin, der Handtuch und Tablett gekonnt balanciert. Betrachtet man den Geigenspieler und die Tanzbären auf Seite 18/19 näher, so bleibt bei diesen Figuren – trotz industrieller Massenproduktion – die Abstammung von alten Automaten erahnbar.

Bewegung in Phasen

Warum das Spielzeug so überzeugend und massenweise das Laufen lernte, hängt sicher auch mit der Erfindung der Laterna Magica und des Kinomatographen zusammen. Bei diesen frühen optischen Geräten war Bewegung Trumpf. Sie verstanden es, durch Phasenbilder beispielsweise die Illusion eines seilhüpfenden Mädchens zu vermitteln, den großen Akt am Trapez darzustellen oder

Der römische Gladiator macht Flickflack nach altem mechanischem Muster.

Aus einer japanischen Anleitung zum Bau eines mechanischen Theaters: Mechanische Figuren haben in Japan Tradition, wie diese Zeichnung von 1797 beweist.

den Sprung eines Tigers vorzutäuschen. Bewegungsabläufe dieser Art konnte man nun nicht länger nur »an die Wand projiziert« genießen. Dank der massengefertigten billigen Uhrwerke ließ man solche Bewegungsabläufe von den mechanischen Figuren ausführen.

Als im Münchner Stadtmuseum anläßlich einer Blechspielzeug-Ausstellung das mechanische Spielzeug gefilmt wurde (weil man nicht wollte, daß die Objekte nur als stumme bewegungslose Zeugen in den Vitrinen standen), war die Verwandtschaft von bewegtem Kinobild und mechanischem Spielzeug für jedermann klar erkennbar. Die fröhlichen Darbietungen der Clowns, Katzen, Mäuse, Stierkämpfer, Truthähne und Zirkuspferde wirkten »wie Kino«, und so waren sie auch gedacht.

Große Spielzeugthemen: Zirkus und Jahrmarkt

Komik durch Mechanik

»Weil die Achse nicht in der Mitte, sondern etwas außerhalb eingesetzt ist, eiert das Rad. Ins Gegenüberliegende ist die Achse im entgegengesetzten Sinne ebenfalls exzentrisch eingebaut. Das Ergebnis: ein doppelter Eierlauf. Ein locker angebrachtes Bugrad sorgt dafür, daß das Gefährt nicht gradlinig sein Ziel erreicht.«

Lehmanns TANZENDES SCHWEIN *geht auf eine alte Zirkusnummer zurück.*

Darüber ist eine Blechkarosserie gebaut, drinnen sitzt ein Spaßvogel. Zu allem Überfluß wird die Figur noch von einem Exzenter während der Fahrt gebeutelt, so daß durch die unregelmäßigen Erschütterungen dem armen Akrobaten der Kopf abzufallen scheint.

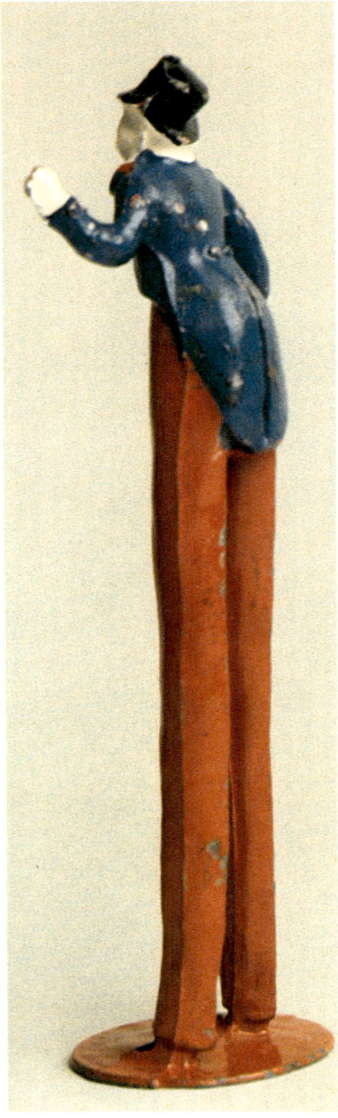

Stelzenläufer aus Blei von William Britain.
Vom Känguruh-Boxkampf bis zur Primaballerina auf dem Pferd hat Britain alles liebevoll nachgebildet, was es an Sensationen in der Manege zu bestaunen gab.

Lehmanns
MORDSKERL

Durch solche mechanischen Tricks wird Komik erzeugt. Das Bewegungsangebot, das exzentrische Achsen, unregelmäßige Wellen und Zahnräder bieten, wird durch die Figur als erlebbare Geschichte interpretiert. Schon der gnomenhafte Wuchs des Dreiradfahrers, die dünnen Ärmchen, der übertrieben gedrungene Brustkorb und der fast aufs Lenkrad fallende Bauch, die Knollennase, das kleine Hütchen, das die Schaukelbewegung um so gefährlicher erscheinen läßt, die Miene zum bösen Spiel und sogar der Titel MORDSKERL, den die Hersteller dem Spielzeug gegeben haben, zeigen die Absicht: Komik als Unterhaltung vermittelt durch groteske Bewegungsabläufe.

Bereits die viersprachigen Verpackungen deuten auf die Exportabsicht des Herstellers.

Um sich vor Nachahmern zu sichern, wurden für Spielzeuge Patente beantragt, ehe sie in Produktion gingen. Rechts: das Patent zu Lehmanns MORDSKERL.

Komik ist eine Spezialität des Blechspielzeugs. Der Spielende wird zum Zuschauer, wenn der wackere Kerl auf dem Gefährt der Unbill der falsch gelagerten Mechanik entgegenwirkt. Wird der Akteur noch zusätzlich gebeutelt, stellt sich, genau wie bei

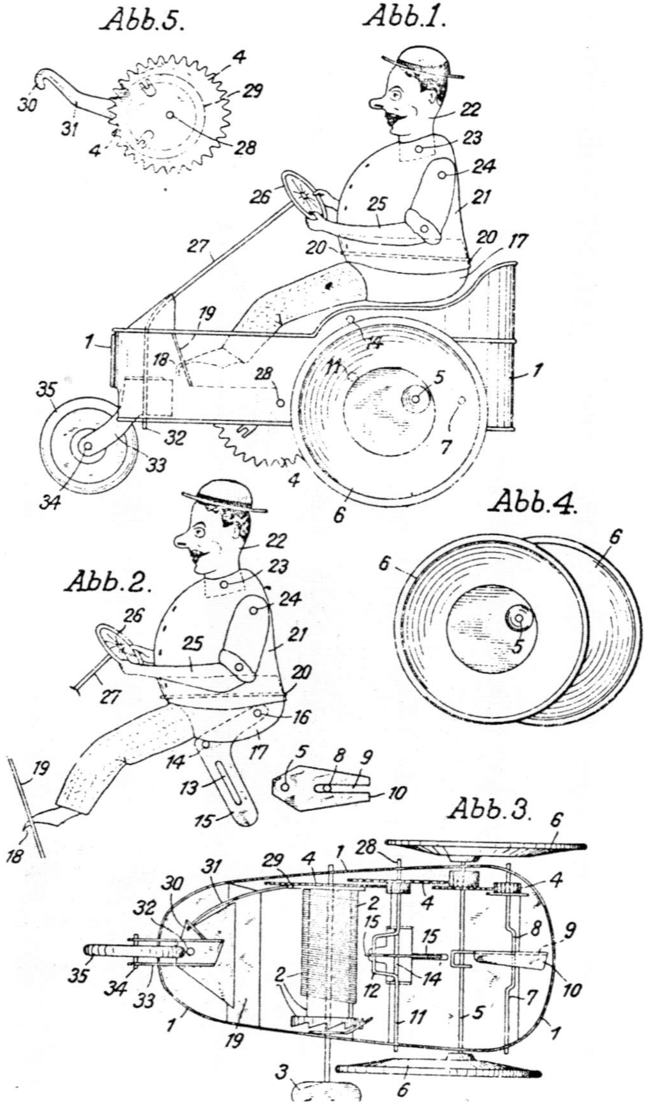
Abb.5.
Abb.1.
Abb.2.
Abb.4.
Abb.3.

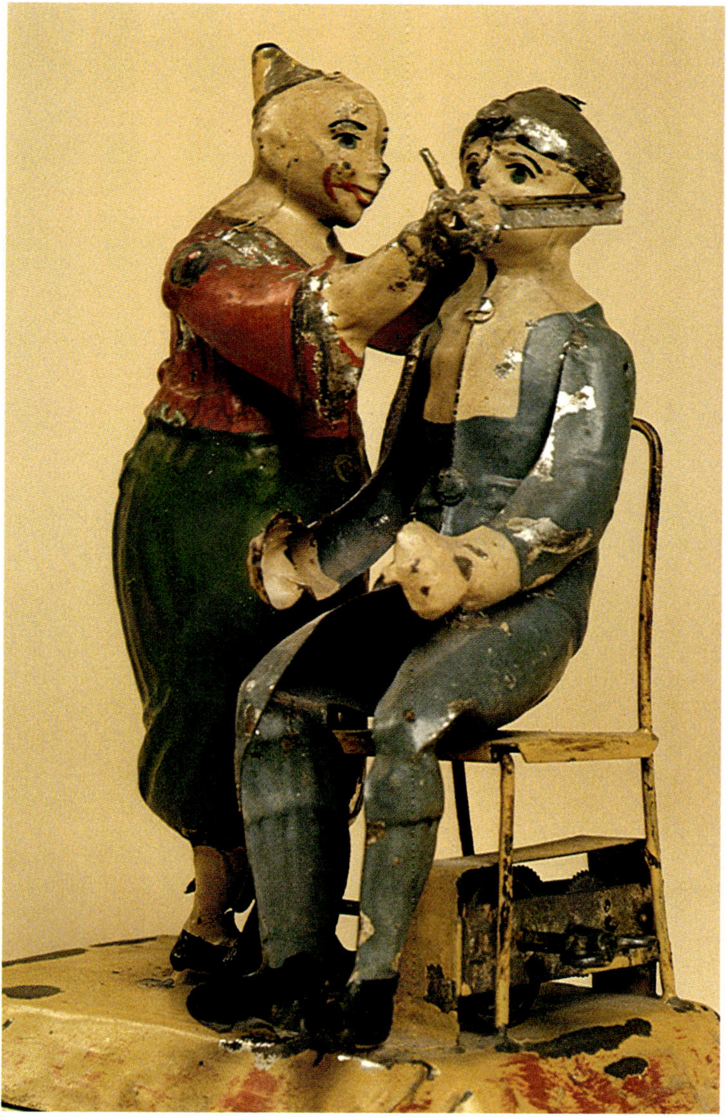

1900–1930: Banjospieler und Barbier sind noch handbemalt, der trommelnde Affe von 1930 ist schon farbig bedruckt. Rationalisierung machte Spielzeug billig.

einer Clownnummer in der Manege, Schadenfreude ein. Erst das abgelaufene Uhrwerk bringt die Erlösung und ermuntert durch Aufziehen der Feder wieder und wieder zu neuem Spiel.

Technik und Mechanismus solcher Zirkusnummern bleiben immer dieselben: Sie laufen entweder exzentrisch oder konzentrisch, je nachdem, welche Bewegungsarten gewünscht sind. Der Phantasie der Spielzeugmacher bleibt es überlassen, zur gegebenen mechanischen Ausstattung die witzigste Verkleidung zu finden. Und darin war man nicht gerade verlegen. Der Löwenreiter mit Pomadefrisur und grünem Frack winkt dem Publikum zu, während die dressierte Raubkatze »Männchen« macht (Abb. Seite 47). Mit demselben Wak-

Karosserie-
schneider

kelmechanismus wurde eine alte Oma ausgestattet, die ihre Gans zum Markt schiebt. Wie der reitende Dompteur mit erhobenem Arm das Publikum grüßt, so schlägt der Vogel des alten Mütterchens – je nach Laufgeschwindigkeit – wild mit den Flügeln. Oder es reitet ein preußischer Soldat mit Pikkelhaube ins Gefecht und bläst zum Angriff. Alles eine Sache der »Karosserie«, die, mit gleichem Mechanismus ausgestattet, alle Variationen zuläßt.

Gegenbilder der Industriekultur

Ein eigenständiges Genre bilden Zirkus, Jahrmarkt und Varieté, auch außerhalb der mechanischen Spielzeuge. Die Welt der Industriezivilisation suchte ihre Gegenwelt in den Zauberern, Verwandlungskünstlern, Akrobaten und Vagabunden. Für die Spielzeughersteller war dies ein lukratives Thema, zumal solche Darbietungen keine nationalen Grenzen kannten und ein Clown in der deutschen Provinz genauso gut verstanden wurde wie in den Südstaaten der USA oder im Fernen Osten. Zirkus zählt daher international auch heute zur Kategorie der »Begehrten Stücke«. Die Klassiker dieses Genres gab es in allen Materialien, aus Holz, Zinn, Stoff und Blech. Lediglich beim Blech dominiert die sogenannte Einzelnummer mit dem mechanischen Gag, während die Welt des Zirkus in Holz, Stoff oder Zinn meistens als Ensemble konzipiert war.

»The Greatest Show on Earth«

Die Spielzeughersteller brauchten die Zirkusnummern nicht einmal zu erfinden, denn die Ideen wurden frei Haus geliefert. Der Zirkus erlebte als Unterhaltungsindustrie um 1900 seinen Höhepunkt. Vor allem in Amerika machte man sich, wenn es um die »Greatest Show on Earth« ging, harte Konkurrenz und präsentierte in den Zirkuszelten der neuen Welt nicht nur Geschicklichkeit und Wagemut, sondern auch Kurioses. So zeigte das Schaustellertalent Barnum – Inhaber des späteren Superzirkus Barnum & Bailey – eine angeblich 161 Jahre

THE FLYING TRAPEZE von William Britain gehört zu den attraktivsten Nummern seines großen MAMMOTH CIRCUS von 1910.

alte Negerin, die als Amme George Washingtons ausgegeben wurde. Groß von sich reden machten auch die Ringling Bros., ein aus fünf Brüdern bestehendes Zirkusunternehmen, das um keine Sensation in der Manege verlegen war. Eine der ganz heißen Shows der Erde war der Western Zirkus, in dem Buffalo Bill alias William F. Cody (1846–1917) für die Verbreitung seiner Legende sorgte. Mit riesigem Aufgebot an Pferden, Büffeln und Indianern kam er schließlich nach Europa, wo die Spielzeugindustrie dem fragwürdigen Western-Helden ein komisches Denkmal schuf: Aus Blech gab es den Spitzbart als Schießautomaten. Auf Hebeldruck legte er an und knallte mit Gummipfropfen.

Buffalo Bill

Die Kunstreiterin auf dem Pudel

Aber nicht nur die Sensationsnummern der Großunternehmen waren Vorbild für die NOVELTY TOYS, sondern auch Idyllisches. Kaum ein anderes Genre hat das Liebenswürdige des kleinen Wanderzirkus so gut aufbereitet wie das Spielzeug. Angefangen beim Hundezirkus mit der Pudelnummer, wo mit Hilfe eines Überschlagmechanismus ein kleiner Vierbeiner unentwegt zum Salto ansetzt, bis zur dressierten Katze, die mit Schleifen verziert auf Kommando Pirouetten dreht. Höhepunkt dieser »kleinen Nummern« ist eine Kunstreiterin auf dem Hund!

Französisch: Fernand Martin um 1900

Blättert man die erhaltenen Kataloge des Nürnberg/Fürther Unternehmens Kohnstam oder des Londoner Importgeschäfts Gamage durch, so bestätigt sich, daß auch statistisch gesehen das Spielzeugthema eine bedeutende Rolle spielt. Angeboten wurden Zirkuskästen mit Flachfiguren aus bunter Pappe bis zum Zinnsortiment, das wahlweise mit 13 bis 33 Stücken alle großen Ereignisse der Manege nachspielbar machte: Eisbären, Löwen, Seehunde, Pferde, Elefanten, Artisten, Clowns usw. waren vertreten. Angesichts der bunten Vielfalt kann ein Sammler sein Bild erst abrunden, wenn er sich informiert, was Franzosen, Amerikaner und Engländer zu diesem Thema beigetragen haben.

England, das in der Frühzeit hauptsächlich aus

Deutsch: Günthermann um 1900

Deutschland importierte, hat zum Thema Zirkus einen bedeutenden Beitrag geleistet. Der wohl schönste und kompletteste Zirkus aus vollplastischen Zinnfiguren kommt von William Britain. In seinem großen MAMMOTH CIRCUS gibt es alle Sensationen, die damals geboten wurden: den Känguruh-Boxkampf, Raubtierdressuren, die Primaballerina auf dem Pferd, Gewichtheber, Akrobaten, Clowns, Kunstschützen, den Zirkusdirektor, Stelzenläufer (Abb. Seite 51) und Kunstradfahrer. Ein fliegendes Trapez saust wie eine rasante Schwebebahn an zwei kleinen Rädchen ein gespanntes Seil entlang. Unten balanciert eine Akrobatin, während über den Rädern ein Clown mit einem Sonnenschirm zur atemberaubenden Talfahrt akrobatische Kunststücke vorführt.

Der MAMMOTH CIRCUS aus England

Die französischen Zirkusbeiträge haben eine eigene Note. Sie sind von einem Genius geschaffen, der vom Milieu der Straßengaukler besessen gewesen sein muß. Die Rede ist von Fernand Martin, der um die Jahrhundertwende als erster in Frankreich Spielzeug in Großserien produziert hat. Von ihm zeigen wir auf Seite 19 die seltenen Tanzbären und den Stehgeiger. Seine puppenartigen Figuren hat er, im Gegensatz zum deutschen Blechspielzeug,

Martins Fest der Gaukler

Englisch: Britain's MAMMOTH CIRCUS, 1910

mit Stoff bekleidet, lediglich die Gesichter sind aus bemaltem Metall. Martin bediente sich zwar moderner Produktionsmethoden, verlor aber nie den Blick für das Idyllische und Poetische. Mit einer der ersten Kodak-Kameras ausgestattet, ging er auf Motivsuche. Sicher ist er sehr oft bei Straßenkomödianten, fahrenden Musikern und anderen Randgruppen der Gesellschaft stehen geblieben. Sein Leierkastenspieler, Stehgeiger, Maroniverkäufer, Trinker und Tanzbär lassen es vermuten. Das gefährliche Leben in der großen Zirkusmanege hat er wiedergegeben, als er die damals sensationelle Nummer mit der ZAUBERKUGEL als Spielzeug herausbrachte. Halsbrecherisch stieg da ein Akrobat in eine Kugel und ließ sich auf einer Spirale aus schwindelnder Höhe abwärtsrollen.

Mit der Kodak-Kamera auf Motivsuche

Auch an Amerika kann die Motivgeschichte des Zirkus nicht vorbei. Die Amerikaner waren im Zirkusspielzeug ein Pionierland und sicher hat ihre Liebe zu den größten Shows der Erde dazu beigetragen, daß auch europäische Produzenten bei ih-

Amerika

Erfolgreiches amerikanisches Spielzeug: Seit 1902 gibt es Schoenhuts HUMPTY-DUMPTY-CIRCUS mit beweglichen Holzfiguren, die 10 001 Bewegungen ausführen konnten. Oben: Jack, der Esel. Unten: Jumbo, der Elefant

ren Exportinteressen auf dieses Pferd setzten. Wie anderes amerikanisches Spielzeug des 19. Jahrhunderts gaben sie dem Zirkus ein folkloristisches Gepräge. Firmen wie George Brown und Althof-Bergmann hatten Kutschen mit Elefantenbabies, tanzenden Hunden, Dompteuren auf einer Schaukel mit Löwen, Trapezkünstlern und Zirkuswagen bereit. Eine besondere Spezialität waren Zirkusmotive aus Gußeisen und sogenannte BELL TOYS, Spielzeug, das mit einem Glockenschlag verbunden war.

Der berühmteste amerikanische Zirkus ist als HUMPTY DUMPTY CIRCUS in die Geschichte eingegangen. Damit hat eine aus dem württembergischen Göppingen stammende Spielzeugmacherfamilie

Schoenhuts HUMPTY DUMPTY CIRCUS

Weltruhm erlangt. Albert Schoenhut ließ 1903 nach seinen beiden Clowns HUMPTY und DUMPTY einen Zirkusbaukasten patentieren. Die Figuren waren aus Holz mit beweglichen Gliedern, und bald gab es neben den beiden Clowns einen Zirkusdirektor, einen Löwenbändiger, einen chinesischen Akrobaten, Seelöwen, Kamele, Zebras, Nashörner, Känguruhs und Esel. Mit seinem beweglichem »Spielzeugwunder« (mit 10001 verschiedenen Stellungen) befriedigte Schoenhut zwei Bedürfnisse: einmal bot er Anreiz für die Phantasie, indem er eine bewegliche Menagerie anbot, zum anderen

Mischtechnik: Lehmanns MORDSKERL

Handbemalt: Günthermanns Clown von 1900

verkaufte er etwas typisch Deutsches, nämlich massive Wertarbeit aus guten Materialien.

Ganz auf Materialersparnis waren die sogenannten PENNY TOYS ausgerichtet – Kleinstspielzeuge aus be-

Lithographiert: Vielmetters Zeichenautomat

Handbemalt: Günthermanns Löwenreiter

drucktem Blech, die auf Jahrmärkten und von Straßenhändlern feilgeboten wurden. Speziell um die Zirkus- und Jahrmarktsmotive streiten sich heute die Sammler. Für einen knapp 5 cm großen Affen in amerikanischer Sezessionskriegsuniform, der auf einem Hund reitet, werden bereits viele Hundertmarkscheine investiert. Während die teuren Qualitätsspielzeuge sorgfältig aufgehoben wurden, hat kaum eines jener Pfennig-Spielzeuge überlebt. Daher ist aus der ehemals weltweit verstreuten Massenware heute eine der begehrtesten Sammlerraritäten geworden.

Schoenhut's HUMPTY DUMPTY CIRCUS:
Balancierkunststücke mit den Clowns Humpty und Dumpty, Jack dem Esel, Jumbo dem Elefanten, einem Stuhl, einer Leiter und einem Faß. Spielanleitung für ein Ensemble aus 7 Teilen

Schoenhut's HUMPTY DUMPTY CIRCUS:
Pudel, Pferd und Humpty der Clown führen Bravourstücke vor.
Spielanleitung für ein Ensemble aus 10 Teilen

Große Spielzeugthemen: das Automobil

Zukunftsmusik

Wollte man für ein Spielzeugbuch im Jahr 2000 die Entwicklung der Spielzeugautos darstellen, müßte man ein großes Kapitel über das Plastikzeitalter schreiben – eine Zeitspanne von fünf Jahrzehnten, gefüllt mit Bausätzen von Airfix, Bandai, Heller, Revell und Lindbergh. Frühe Plastikbausätze werden im Jahr 2000 einen festen Platz in der Spielzeuggeschichte eingenommen haben und längst nicht mehr aktuelles Spielzeug, sondern begehrtes Sammlerstück sein. Plastik ist heute so geschmäht wie es das Blech früher war, ehe es aus Sammlersicht höhere Weihen empfangen hat.

Unser Rückblick auf das Automobil als Spielzeugthema beginnt bei der einschneidenden Schwelle

45 mm Plastik für 1000 Mark

zum Plastikzeitalter. Hier steht eine Limousine der Marke Horch von Wiking aus den ersten Nachkriegsjahren. Als sie jetzt auf Spielzeugauktionen auftauchte, hatte diese nur 45 mm lange, aus mausgrauem Plastik gepreßte Automobil-Miniatur die Tausend-Mark-Grenze schon mehrfach überschritten. Der graue Horch zählt ohne Zweifel jetzt schon zu den begehrtesten Plastik-Oldies.
Den fünfzigfachen Preis sind Sammler bereit, für ein ganz seltenes altes Blech-Automobil auszugeben. Das im Moment noch höher als der Plastik-Horch (etwa das Fünfzigfache) bewertete Prunkstück stammt von Märklin und ist ein teures Luxusmodell aus der Zeit von 1909. Die Abbildung

Miniaturausgaben der teuren Spielzeuge waren die bedruckten Penny Toys.

auf Seite 66 zeigt den Favoriten mit dunkelblau lackierter Karosserie, rot lackierten Gußrädern, einer richtig funktionierenden Bremse und einem starken Uhrwerk.

Die Limousine Nr. 5214/3 aus dem Märklin-Katalog von 1909 hat Kautschukreifen, eine verlötete Karosserie und funktionierende Steuerung. Länge des Gefährts 46 cm. Auf einer Auktion in Chartres erzielte es den Sensationspreis von 100 000 Francs.

Der Preis von 50 000 Mark ist ein Hinweis auf die Seltenheit des Stückes und seinen Hersteller. Allein für den Namen Märklin muß viel bezahlt werden. Gute Limousinen gleichen Baujahres von Georges Carette, Hans Eberl oder aus dem Hause Bing hingegen erzielen Preise zwischen 2000 bis 5000 Mark, je nachdem wie sie ausgeführt sind, ob handlackiert, lithographiert, mit gepreßten Rädern oder Gummibereifung, vernickelten Scheinwerfern oder Glasfenstern.

Kein Spielzeugautomobilsammler kann am Namen Günthermann vorbei. Mit diesem Namen ist ein Chevrolet mit ausladenden Heckflossen Jahrgang 1957 ebenso eng verbunden wie ganz frühe Vis-á-Vis, jene Automobile mit Speichenrädern, senkrechtem Lenkrad und Kutschlaternen, bei denen man sich wie auf zwei Kutschböcken gegenüber saß. Sie waren eine Spezialität des Nürnbergers, der aber nicht nur jene gemütlichen Fahrzeuge und später die modernen Statussymbole nachbildete, sondern auch immer ein Auge auf das Autorenngeschehen hatte. Ein Traum sind die über 50 cm langen Hochleistungswagen der späten dreißiger Jahre GOLDEN ARROW, BLUEBIRD und SILVER BULLET. Sie wirken wie stromlinienförmige Rümpfe von Flugzeugen auf Rädern.

Günthermann

Von der Benzinkutsche zum Heckflossenchevrolet

Aber die frühen tollen Tage des Motorsports haben nicht nur der Photograph Jacques Henri Lartique und Toulouse-Lautrec faszinierend festgehalten, auch Günthermann hat anläßlich der ersten Autorennen sensationelle Spielzeuge geliefert, die zwischen einer Karikatur der bebrillten und in Lederkleidung verschnürten gamaschentragenden Rennfahrer und einer realistischen Wiedergabe ihrer Wagen schwanken. Solche Spielzeug- und Renngeschichtsdokumente haben in Sammlungen einen Ehrenplatz. Sie gibt es auch von einem anderen Nürnberger Hersteller: Matthias Hess soll mit Staffelei und Leinwand sofort zur Stelle gewesen sein, wenn neue rasante Automobile in Nürnberg auftauchten. Legende oder Wahrheit – seine frühen Automobile haben jenen künstlerischen Impressionismus, der den späteren, eher technischen Modellen so sehr fehlt.

Die tollen Tage des Motorsports

Hess malt Autos an der Staffelei

Zwischen dem kleinen Plastik-Horch von Wiking und den Uralt-Modellen liegt die Autogeneration der dreißiger Jahre. Ihr Kennzeichen: der Versuch, neue Wege einzuschlagen. Ein eigenständiges Sammelgebiet sind jene Modelle, bei denen die Produzenten den kleinen Maßstab wählten. Wie man in den späten dreißiger Jahren Abschied von den großen Spuren der Eisenbahnen nahm und zur HO-Spur konsequent überging, entwickelte man fast gleichzeitig neue Kleinserien aus Blech und Zinkguß, die von Anfang so konzipiert waren, daß sie von der Jugend gesammelt wurden. Kein Wunder, daß heute MINIC TOYS von Triang, DINKY TOYS von Hornby zu einem ausgesprochenen Insider-Sammelgebiet geworden sind.

Auf kleine Spuren wagte sich auch Lehmann mit seiner formal nicht so attraktiven Gnom-Serie. Im Gegensatz zu den großen Blechbrüdern wurde weitgehend auf Uhrwerkantrieb verzichtet – die kleinen Autos waren durch die schweren Karosserien und die Gummibereifung zu Rennern auf schrägen Ebenen prädestiniert.

Neu für die dreißiger Jahre war das Aufkommen der Autobausätze. Diese montierbaren Modelle,

Ein Stück Automobilgeschichte: Nachbildung eines Rennwagens aus dem legendären GORDON BENNETT RENNEN von Günthermann aus Nürnberg. Lampen und Beifahrer haben die Autorennen auf dem Kinderzimmerboden nicht überstanden – sie fehlen.

LEHMANN'S AUTOBUS
590

Lehmanns AUTOBUS

Lehmanns AUTOSCHWESTERN

Lehmanns ÄNGSTLICHE BRAUT

Drei international gesuchte Gefährte des Brandenburger Spielzeugkönigs treffen sich an einer Kreuzung der Fifth Avenue. Lehmann hat hauptsächlich ins Ausland exportiert.

nüchtern und technisch, sind einer anderen Philosophie entsprungen. Als Lehrspielzeug verdeutlichen sie eher die mechanischen Zusammenhänge als die stimmungsmäßigen Werte der frühen Automodelle. Von den Baukästen, die Märklin herausbrachte, steht ganz oben auf der Rangliste nicht der schönste, sondern der seltenste Wagen. Es ist ein Tankwagen mit der Aufschrift »Standard«. An zweiter Stelle rangiert eine Pullman-Limousine, dann folgt ein Panzerwagen, ein stromlinienförmiges Coupé, ein Rennwagen und schließlich ein Lastwagen. Der Clou dieses Lehrspielzeugs ist der Aufbau aller Karosserien auf dem gleichen genormten Chassis, ausgestattet mit funktionierender Kardanwelle, Lenkung, Federung und Differentialgetriebe.

Baukästen

MECCANO-Autobausätze hat auch Hornby in den dreißiger Jahren herausgebracht, blieb jedoch in der Typenwahl bei zweisitzigen Roadstern.

Um zu zeigen, wie ein Auto funktioniert und um gleichzeitig die Popularität der eigenen Wagen zu fördern, kam in Frankreich Citroën auf die Idee, sein Automobilprogramm im kleinen als Spielzeug herauszugeben. Diese JOUETS CITROËN gab es fertig und als Bausatz auf einem funktionierenden Chassis. Obwohl man diese großmaßstäblichen Fahrzeuge heute noch sehr oft antrifft, haben sie hohen Sammlerwert, zumal Citroën sehr viele Varianten auf den Markt brachte: Ein Taxi mit offenem Fahrersitz und geschlossenem Fahrgastraum, einen Kleinwagen, einen Lieferwagen, ein Cabriolet, einen Combiwagen, wie ihn die Klempner für ihre Rohre benutzten, eine Feuerwehr und sogar ein Kettenfahrzeug für die Sahara.

Citroën

In ähnlich großem Maßstab arbeitete auch die französische Firma JEP in Paris. Von dieser Marke gibt

JEP

Zwei Fahrzeuge von JEP der guten Mittelklasse

es die großen Klassiker der dreißiger Jahre handfest, solide und treffend nachgebildet. Vorbilder waren Panhard & Levassor, Delage, Renault, Bugatti und Talbot. JEPs Spitzenprodukt war ein Rolls Royce Phaeton sowie ein sehr ähnlicher Karosserietyp, jedoch von der Nobelmarke Hispano Suiza. Mit solchen Modellen versuchte man die deutsche Konkurrenz auszuschalten, denn Nürnberg überschwemmte in den dreißiger Jahren den Weltmarkt mit farbig lithographierten großen Blechlimousinen und Coupés. Keine Funktionsmodelle mit nachgeahmten Kardanwellen und Differentialgetrieben, sondern imposante Spielzeugautos, die durch eine eigene Atmosphäre wirken. Bordeauxrot mit cremefarbenen Linien und fein abgesetzten Lüftungslamellen an den Motorhauben, seegrün mit Weiß und Rot abgesetzt, sandfarbene geschwungene Kotflügel, signalrote Partien mit einem leinenfarbenen Verdeck machen in der Farbgebung diesen Typ von Auto zu einem ästhetischen

Genuß. Das waren die Luxusfahrzeuge der späten Art-Déco-Zeit, die das vormals Scharfkantige durch einen weicheren Linienfluß und das ehemals Grelle durch gemischte, aber vornehm aufeinander abgestimmte Töne ersetzt. Für diesen Nürnberger Limousinen- und Coupéstil zeichnen gleichzeitig eine Handvoll Firmen verantwortlich: Tipp & Co., Distler, Karl Bub und Günthermann.

Limousinen aus Nürnberg im Art-Déco-Stil

In die späten dreißiger Jahre gehören auch die »intelligenten« Autos. Die Rede ist von Schuco. Diese neue Konzeption des Wende-, Kommando-, Radio- und Studioautos schaffte dieser Nürnberger Firma jahrzehntelangen Weltruhm. Im Kapitel über die fünfziger Jahre wird davon noch ausführlich die Rede sein.

Die »Intelligenten« von Schuco

Große Spielzeugthemen: Schiffe

Abgetakelt, rostig, ohne Masten und Rettungsboote, aber gut ein Meter lang – so sah das alte Schiff aus, das ein etwa fünfunddreißigjähriger Mann zum Internationalen Spielzeugsammlertreffen in London anschleppte. Das rostige Ding hatte er nicht einmal verpackt, und es machte ihm Mühe, das Schiff über die Rolltreppe zum großen Ballsaal im Cunard Hotel zu lancieren. Um ihn herum versammelten sich keine Menschentrauben. Kein Sammler fragte nach dem Preis seines alten, entsprechend desolaten Wracks.
Genauer gesagt, alle dort im Saal glaubten von

Monsieur Hulot in seinem sechsrädrigen DE-DION-BOUTON-Bus auf dem Weg vom Gare de L'Est zum Trocadéro. Rossignol hat die Pariser Busse jahrzehntelang mit großem Erfolg produziert.

C.R.

Ein Schiff kehrt wieder

vornherein den Preis zu wissen, denn Schiffe solcher Größe in erstklassigem Zustand können bis zu 40000 Mark kosten. Selbst verfallene Veteranen, die wie vom Meeresgrund gehoben aussehen, erzielen immer noch beträchtliche Preise. Große Ozeandampfer, damals der Stolz der Nationen und der Kinder begüterter Familien in großen Seebädern, haben die Stürme der Zeit meist nicht überstanden. Diese Blecharchitekturen mit ihren imponierenden Silhouetten sind, wenn sie nicht inzwischen gesunken sind, verrostet oder bis zur Unkenntlichkeit demoliert wie das hier ins Londoner Cunard Hotel transportierte alte Flaggschiff. Daß sich niemand nach seinem Preis erkundigt hat, ist einer jener Fehler, die auch den erfahrensten Sammlern noch manchmal unterlaufen. Erst in dem Moment, wo diese Rarität für wenige 1000 Mark den Besitzer wechselte, hatten sie das Nachsehen und mal wieder Sammlerpech!

Handgetriebene Schiffsrümpfe

Die Qualitätsmerkmale solcher Großobjekte sind ein in mehrfachen Arbeitsgängen von Hand getriebener Rumpf, Aufbauten, die von Hand zusammengefügt sind, sorgsam nachziselierte Gußteile sowie Bullaugen, Nietenbänder und Schattenkanten, die mit sicherem Pinselstrich kunstvoll in Handarbeit aufgetragen wurden.

Handarbeit und Massenware

Vergleicht man die handgearbeiteten Schiffe der Frühzeit mit späteren Massenprodukten, so spürt man einen Verfall an Formgefühl, der mit einer rationelleren Produktionsweise einhergeht. In der frühen dynamischen und organischen Ausformung der Bootsrümpfe machten sich die Deutschen und die Franzosen ernsthaft Konkurrenz. Die Modellierung des Bugs, des Schiffsbauchs und des fließenden Hecks bei großen Modellen der Nürnberger Firmen Schoenner und Carette lassen an Harmonie nichts zu wünschen übrig. Selbst Passagierschiffe, die die Nürnberger Firma Fleischmann mit Schiffsrümpfen, die sie von Carette übernommen hatte, auf den Markt brachte, sind Werkstücke mit unbestechlichem Formensinn, womit die spätere Eigenproduktion Fleischmanns nicht zu konkurrieren vermochte. Von jener, für die Frühzeit typischen Formenvielfalt nahmen auch die großen deutschen Produzenten Märklin und Bing um 1910 Abschied, um sich der Anonymität der Serienproduktion zuzuwenden.

Blechachter mit Originalschachtel. Dieses bunt bedruckte Fahrzeug gehört zur Familie der »Bodenroller«.

Die Überreste eines Raddampfers: Gerade Schiffsmodelle sind oft ramponiert. Eine komplette Wiederherstellung lohnt sich aber bei den heutigen Preisen.

Da die französische Firma Radiguet ihre Rümpfe auf ebenfalls mit viel Formensinn gestalteten Mustern drückte, gehören ihre Schiffe zu den formschönsten, die jemals produziert wurden. Hierfür sollte der Sammler niemals den Blick verlieren, denn mit der seriellen Pressung wurden die Schiffsunterbauten ihres früheren Schwungs und markanten Zuschnitts beraubt.

In Deutschland wurde die Massenproduktion sogar vom Kaiser gefördert. Um viele – gemeint sind selbstverständlich Kriegsschiffe – in die Hand der Jugend geben zu können, ging der Nürnberger Produzent Bing zu einer neuen vollautomatischen Pressung über. Hier wurde das Blech so heiß gemacht, daß es in einem einzigen Arbeitsgang zu ei-

Kein Seebad ohne Blechschiff: Die HOHENZOLLERN von Märklin war echte deutsche Qualitätsarbeit (rechts).

nem Schiffsrumpf verformt werden konnte. Für die teuren neuen Werkzeugmaschinen gab die Regierung erhebliche Finanzierungshilfen, so daß die berühmten Torpedobootserien von Bing »en masse« vom Stapel laufen konnten. Ein spätes Torpedoboot von Bing mit einem jener formschönen

Qualitätsmerkmale

Boote von Schoenner oder Radiguet zu vergleichen, fällt sehr schwer, denn dem Serienprodukt scheint jegliches Leben zu fehlen, das die frühen Werkstücke auch ästhetisch wertvoll macht. Ungeachtet dieses Formverlustes zählt inzwischen auf dem Spielzeugmarkt der Name, und selbst Bings späte Massenware erzielt absolute Höchstpreise.

Ausschließlich um Qualität geht es bei den yachtmäßigen Schiffen von Märklin aus der Zeit kurz vor und nach der Jahrhundertwende. Hier jedenfalls ist es berechtigt, von echten Klassikern zu sprechen, und wenn man in das Musterzimmer der Göppinger Firma blickt, nehmen diese stolzen Schiffe einen wichtigen Platz ein (Abb. Seite 81).

Die HOHENZOLLERN

Als gutes Beispiel dieser Produktionsepoche ist die berühmte Yacht HOHENZOLLERN abgebildet. Dieses sehr seltene Spielzeug ist 45 cm lang und zeigt die

Die Yacht des deutschen Kaisers

Yacht des deutschen Kaisers mit ihren kleinen Geschützen an den Seiten. Der auf seine Flotte stolze Regent hatte angeordnet, daß sein Schiff bei Bedarf sofort als Kriegsfahrzeug eingesetzt werden konnte. Während der Kaiser mit seinem Säbel rasselte und im Streit um die Kolonien ganz auf seine »Kanonenboot-Politik« vertraute, bauten die Engländer eine Staatsyacht, die im Kriegsfall als Lazarettschiff dienen sollte.
Den 65 cm langen »Stolz des deutschen Kaisers«

Selbst wenn die Proportionen nicht stimmen, weist dieser kleine Blechdampfer von Carette alle Merkmale eines Ozeanriesen auf.

gab es auch in Frankreich zu kaufen. Da sich kein nationalbewußter Franzose ein Schiff mit deutschem Image gekauft hätte, taufte man es kurzerhand in FRANCE um. Im Katalog der Märklin-Handelsniederlassung in der Pariser Rue St. Honoré ist peinlich darauf geachtet worden, daß Märklin nie als deutsche Firma erscheint. Um hier die Käufer nicht durch Nationalgefühle zu beeinträchtigen, hatte man bei der Abbildung des Fabrikgebäudes aus dem Dachtransparent den Herstellungsort Göppingen herausretuschiert. Überall in den Kopfleisten firmierte man daher auch als MÄRKLIN, PARIS. Bleiben wir bei der HOHENZOLLERN. Um sie in Amerika zu verkaufen, rechnete man sich wesentlich größere Marktchancen aus, wenn man sie durch kleinere Abänderungen »amerikanisierte«. Durch Ansetzen von Schaufelrädern, die in angelöteten Radkästen liefen, und Namensänderung glich die für den amerikanischen Markt bestimmte Ausführung bald mehr einem Mississippi-Dampfer als der ursprünglichen Kaiseryacht. Kaum einer der dama-

Exportverschnitt

Das Musterzimmer von Märklin in Göppingen 1904. Man beachte die reiche Auswahl an Schiffen.

ligen Spielzeugkonsumenten konnte so die Ursprünge eines Modells erkennen, noch wußte er beispielsweise, daß die Deckaufbauten dieses herrlichen Schiffes aus Seitenteilen der Spur-I-D-Zugwagen entstanden waren. Obwohl in den USA das »Made in Germany« die Ware nicht herabsetzte, schneiderten die deutschen Spielzeugmacher für jedes Land aus Grundmodellen Nationalistisches: Kriegsschiffe hießen nicht POMMERN, sondern PENNSYLVANIA, nicht KAISER WILHELM, sondern NEW YORK.

Dienst auf einem Kanonenboot von Radiguet. Von Radiguet und Massiot stammen die besten dampfbetriebenen Schiffe, die in Frankreich gebaut wurden.

Cannonière von Radiguet um 1900

Die feinen Unterschiede der großen Qualität

Wie bei alten Bildern, Vasen und Möbeln muß man sich, um Schiffe beurteilen zu können, Vergleichsmaßstäbe schaffen, indem man versucht, möglichst viele Modelle zu sehen. Nur so kann man die Spitzenqualität von der Durchschnittsqualität unterscheiden lernen. Zur letzteren Klasse zählen Schiffe von Radiguet aus Paris. Sie stammen überwiegend aus den letzten Jahrzehnten des vorigen Jahrhunderts und zeichnen sich durch aufwendige Handarbeit aus. Die Decks sind mit Mahagoni belegt, die Dampfkessel bestehen aus Kupfer, die Armaturen und Leitungen aus Messing. Der Rumpf ist formschön aus Zinkblech getrieben. Während das hier gezeigte Boot zur einfacheren Mittelklasse zählt, gibt es Kreuzer bis zu einem Meter Länge und Merkwürdigkeiten von Jules Vernescher Physiognomie: zum Beispiel ein Kanonenboot mit einem säbelförmigen, aggressiv wirkenden Bug, der sich noch unter der Wasseroberfläche gefährlich fortsetzt. Angeblich hatten die Franzosen solche Schiffe, um Holzdschunken in Ostasien zu zerstören. Ob Dschunkenkiller, Torpedoboot oder Panzerkreuzer – Radiguet-Schiffe zeichnen sich immer durch eine formal bestechende und interessante Silhouette aus.

Große Spielzeugthemen: Krieg und Kolonien

»Niemand hat die systematische Herstellung von Kriegsspielzeug so ernst genommen wie die Deutschen«.
»Wenn ich etwas Gutes tauschen will, nehme ich Kriegsspielzeug mit ins Ausland.«
»Für Kriegsspielzeug bekomme ich alles, was ich haben will. Die Ausländer sind noch schärfer darauf als wir.« – Stimmen von Spielzeugsammlern!

Der Kurswert des Kriegsspielzeugs

Tatsächlich gibt es ein weltweites Interesse für diese Seite der deutschen Wertarbeit. Spitzenreiter sind Produkte aus dem Nazi-Deutschland der dreißiger Jahre. Würde man eine Weltrangliste der begehrtesten Firmen aufstellen, stünden Hausser und Lineol an erster Stelle, gefolgt von Tipp & Co. und Märklin.

Deutsche Wertarbeit

Deutscher Armeelastwagen mit Scheinwerfer Marke Hausser

In pathetischem Realismus funktioniert die deutsche Wehrmacht auch im kleinen Maßstab. Ganz oben auf der Liste der Beliebtheit aus diesem Waffen- und Mannschaftsarsenal stehen die Armeefahrzeuge von Hausser. In olivgrün-khakifarbenem und braunem Mimikry-Tarnanstrich gibt es eine schwere Geschützzugmaschine von Büssing N.A.G. mit einem Feldgeschütz. Bei diesem Gespann funktioniert alles, angefangen beim Segeltuchverdeck, den elektrischen Scheinwerfern bis zum Geschütz, das sich über ein Schneckengewinde einstellen läßt. Neben der Detailgenauigkeit ist die Länge dieses Gespanns mit 85 cm imponierend. Allein für das Halbkettenfahrzeug mit elf Mann Besatzung aus Elastolin reicht heute kein Euroчequeheft mit 20 Cheques à 300 Mark aus. Um den Armeefuhrpark abzurunden, hat Hausser eine auf einem LKW montierte Feldküche, einen Horch-Armeestabswagen, einen dreiachsigen Geschützschlepper Marke Krupp, Feldhaubitzen, LKWs und Kübelwagen herausgebracht.

Haussers Spitzenstücke

Panzerwagen Marke Lineol

Auch die Brandenburger Firma Lineol verstand sich auf die realistische Wiedergabe von Truppentransportern, Lastwagen mit Suchscheinwerfern und Lazarettwagen mit Innenbeleuchtung und kleinen Tragbahren. Der Wagen des »Führers« aus schwarzem Blech, Gußeisenteilen, Gummibereifung und Uhrwerk wurde in Nürnberg nachgebaut. Für den offenen Mercedes zeichnet die Firma Tipp & Co. verantwortlich, die ironischerweise bis 1933 in jüdischem Besitz war.

Lineol

Der schwarze Wagen des »Führers«

Noch 1938 ist der unter nationalsozialistischer Leitung herausgegebene Katalog von Tipp & Co. viersprachig und zeigt neben Blechflugzeugen und den berühmten Nürnberger Limousinen mehrere Militärfahrzeuge: Dienstautos, Fliegerabwehrfahrzeuge, Schlepper, Fliegerabwehrkanonen, Scheinwerfer- und Pionierautos, Militärlastwagen mit den

Tipp & Co.

verschiedensten Aufbauten und Tanks mit hundert Schuß Munition werden darin offeriert. Der Geschützschlepper als Halbkettenfahrzeug war noch ein Jahr vor dem Zweiten Weltkrieg »auch mit englischen Soldaten« fürs Ausland lieferbar. Für den heimischen Markt gab es die Elastolin-Wehrmacht Marke Lineol oder Hausser als Besatzung.

Nicht nur vor dem Zweiten Weltkrieg, auch vor dem Ersten Weltkrieg wurden Freund und Feind mit deutschem Kriegsspielzeug auf die kommenden Ereignisse vorbereitet. Blättert man in den deutschen und französischen Märklin-Katalogen aus der Zeit vor dem Ersten Weltkrieg, so findet man dort einmal in deutscher, ein anderes Mal in französischer Sprache dieselben Geschütze.

Krieg als Silhouettenspiel: Tank, Handgranaten, Artillerie, Einschläge, Kavallerie und brennendes Haus sind dekorativ bemalt.

Was Märklin da anbietet, ist beste schwäbische

Märklin

Wertarbeit. Ein 76 cm langes Rohr-Rücklauf-Feldgeschütz gilt als Prunkstück des Angebots. Die Lafette und die Räder bestehen aus massivem Eisen, die Achsen sind präzise an der Werkbank gedreht und vernickelt. Wie beim Vorbild funktioniert die Rücklaufeinrichtung, die das Rohr nach

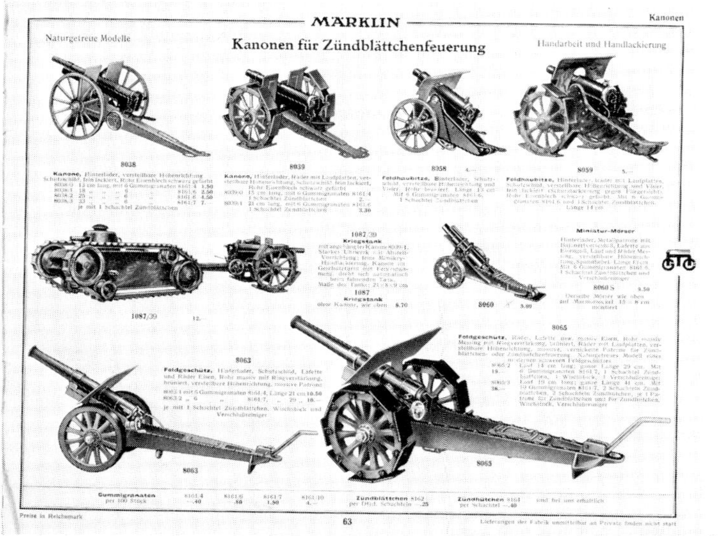

jedem Schuß automatisch in die ursprüngliche Stellung zurückschnellen läßt. Die Höhenrichtung konnten die Jungschützen durch Handräder regulieren, die Seitenrichtung war durch einen Richthebel arretierbar. Typisch für Märklin sind funktionierende Details wie Munitionskästen und Sitze für die Kanoniere.

Aus dem Märklin-Katalog 1932/33

Luxus-ausführungen

Um Belagerungen zu üben, gab es Steilfeuer-Belagerungsmörser. Sie besaßen eine feine Gradeinteilung zum Ablesen der Winkeleinstellung des

Rohres. Über eine Tabelle konnte die richtige Proportion von Schußentfernung und Einstellwinkel ermittelt werden. Die Räder waren mit Radgürteln aus beweglichen Laufplatten umgeben, die gleichzeitig für einen festen Stand des schweren Geschützes sorgten. Mit Zündhütchen wurde das Ge-

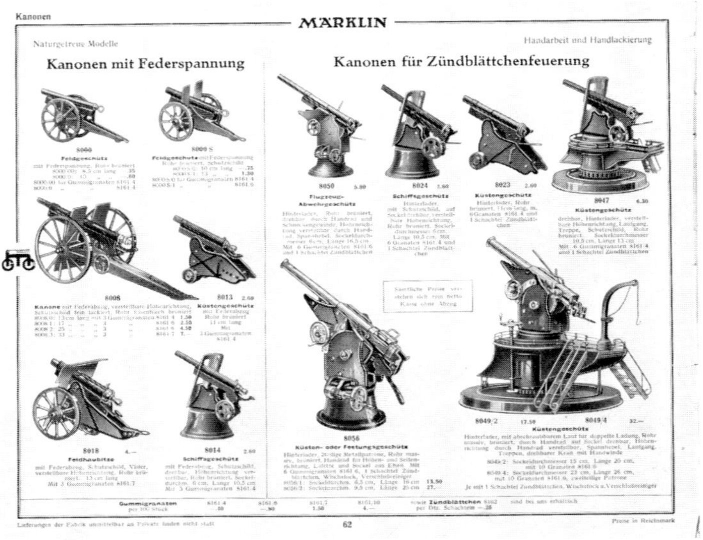

Treffer auf 60 Meter

schoß abgefeuert, sobald man den Kettenabzug bediente. Das Gußstahlrohr war ringverstärkt und hatte 6 Rücklaufzylinder, die das Rohr durch Federdruck in die alte Stellung zurückbrachten.

Als beliebtes Sammlerstück gilt auch das Märklin-Küstengeschütz, das auf eine über Zahnräder drehbare Plattform montiert und wiederum für Märklin typische Details wie einen Munitionsaufzug und gelötete Eisenleitern aufweist. Solche Geschütze konnten bis auf 60 m Entfernung gute Treffer erzielen.

Nächste Seite: Französische Infanterie von Spenkuch aus Nürnberg.

petit buisson

soldat
soldat

Mit Märklin in den Krieg: handlackierte Armee-Fahrzeuge von 1915

Je weiter man zurückgeht, um so weniger technisch, aber noch patriotischer wird die Kriegsbegeisterung. Zur Pflege des kaiserlichen Hurra-Patriotismus gab es Blechkasernen mit Inneneinrichtung, Schützengräben aus bunt bemaltem Blech, ausge-

Durchhalteparolen auch fürs Kinderspiel: IMMERVORWÄRTS hieß der von Mangold gebaute Tank.

brannte Häuser, Kanonenzüge mit Pferden, heizbare Feldbacköfen als Pferdefuhrwerke, Feldwasserwagen, Lazarett- und Feldpostwagen sowie Feldschmieden. Die mit Pickelhauben ausgerüsteten Besatzungen konnte man wahlweise aus Zinn oder Papiermaché erwerben.

Zinnsoldaten

Zinnsoldaten wurden als Flach- oder Rundfiguren millionenfach auf den Markt geworfen. In Deutschland waren es Firmen wie Ernst Heinrich-

Die neuesten Zinnfiguren der Nürnberger Firma Georg Spenkuch im Musterzimmer.

sen, C. Ammon und Georg Spenkuch in Nürnberg sowie George Heyde in Dresden, die ein Sortiment anboten, mit denen man die Kriegsbegeisterung bis zu den alten Römern zurückverfolgen und nachspielen konnte. In England machte sich William Britain mit seinen oft im Hohlgußverfahren hergestellten hervorragend modellierten Figuren einen Namen.

Tableaux aus Zinn

In Frankreich spielen drei Buchstaben eine Rolle: C.B.G. für Cuperly, Blondel und Gerbeau. Unter dieser Marke sind militärische Ereignisse in bunten Zinntableaux erschienen. Da stürmen im marokkanischen Krieg französische Soldaten unter dem

Marschall Lyautey eine marokkanische Zitadelle. Zu dem Marschall auf weißem Pferd gehören Maschinengewehrschützen, Fahnenträger und Infanteristen. Um den Ort der Handlung zu illustrieren, gibt es Palmen, maurische Zitadellen und Erdhügel mit nordafrikanischen Pflanzen – alles aus Zinn.

Illustrierte Kriegsberichterstattung

Ein anderer Schauplatz ist die Mandschurei, wo

Kolonialmacht aus Blei–Französischer Stoßtrupp von C.B.G.

zwei Episoden aus dem russisch-japanischen Krieg in Form bunter Zinnfiguren erzählt werden. Zu Lande kämpfen vor Pagoden und exotischen Bäumen berittene Kosaken gegen Infanteristen, zur See wird die Flotte des Zaren in Port Arthur von japanischen Torpedobooten besiegt. Die aus Zinn gegossenen Wasserfontänen deuten auf heftige Kampfhandlung.

Kolonialkrieg im Kinderzimmer: Ein Panzerzug, wie er im Burenkrieg eingesetzt wurde, von Märklin

Wie illustrierte Kriegsberichterstattung sehen auch andere Episoden der Kolonialkriege aus. Selbst ein Blériot-Aufklärungsflugzeug, das die Franzosen einst in Marokko einsetzten, wird von C.B.G. in eines seiner Tableaux eingefügt. Höhepunkt dieser Berichterstattung und fernen Kolonialkriege ist der von Märklin nachgebaute Panzerzug, den die Engländer um die Jahrhundertwende gegen die Buren in Südafrika einsetzten.

Illustrierte Kolonialgeschichte

Gipfel in der Wiedergabe der damaligen Kolonialkonflikte ist ein Spielzeug, das nur aus der derzeitigen Kolonialpolitik zu verstehen ist: Die deutsche

Märklin-Geschütz 1932/33

Firma Lehmann brachte anläßlich der Niederschlagung des Boxeraufstandes in China seinen BESTRAFTEN BOXER auf den Markt. Die vier internationalen Schutzmächte beuteln in einem Sprungtuch den an seinem Zopf festgebundenen Chinesen auf und ab. Auf die Perspektive der Kinder übertragen heißt das: Bestraft – stellvertretend für die internationalen Schutzmächte – den ungehorsamen Chinesen!

Eine Allegorie des Kolonialismus fürs Kinderzimmer

Strafexerzieren muß der Chinese – bis die Feder bricht!

Zum Ende des Boxeraufstands brachte Lehmann den BESTRAFTEN BOXER heraus. Ein Beispiel des »Novelty Toy«, für das man sich internationale Verkaufschancen versprach.

Große Spielzeugthemen: Arbeit und Technik

Dampf-
maschinen

Im Zeitalter der Kernenergie bekommt die Dampfmaschine geradezu einen romantischen Flair. Museen und Denkmalschutz versuchen inzwischen mühevoll die wenigen Relikte der Gründerzeit vor dem Verfall zu retten, doch nur wenige Maschinen, die damals die Welt mit ihrer Dampfkraft veränderten, sind bis heute erhalten geblieben.

Häufiger als die noch intakten großen Vorbilder sind Dampfmaschinenmodelle. Sie geben im Kleinen alle Antriebs- und Fabrikationsabläufe wieder. Jedoch ist die freundliche, verklärte und wertfreie Betrachtungsweise der spielzeugmäßigen Darstellung von Dampfkraft und Industrialisierung neueren Datums.

Miniaturhafte
Denkmäler einer
Epoche

Der Publizist Walter Benjamin warf noch dieser Art Spielzeug vor, »miniaturhafte Denkmäler einer Epoche zu sein, in welcher sie sich rein, d. h. unverstellt und unbewußt selber vorzeigt«. Soweit der Marxist, der beim Spielzeug zu »entlarven« sucht, was man ohnehin sehen kann: Spielzeug bleibt ja immer, und das haben wir in diesem Buch nach Motiven und Jahrzehnten verfolgt, ein unmittelbares und unverfälschtes Abbild seiner Zeit. Lediglich das volkstümliche Holzspielzeug weist einen nicht zeitgebundenen Weg, den Walter Benjamin dann auch als Ausweg aus seiner Maschinenunlust vorschlägt. Ob nun realistisch wiedergegebenen Antriebsaggregate oder folkloristisches Spielzeug ein Greuel sind, wird eine reine Ideologiefrage: Humanität der Volkskunst? – Inhumanität einer realistisch dargestellten Arbeitswelt?

Der Schriftsteller Günter Kunert bedauert sogar in einer mit persönlichem Engagement verfaßten Arbeit zum ALTEN SPIELZEUG die dargestellten Personen: »Trommelnde Clowns, holzsägende Arbeiter, hämmernde Schmiede sind verurteilt, ihre soziale Rolle nicht verlassen zu können. Ihre unmenschliche Erscheinungsweise reflektiert die der Gesellschaft; denkbar außerdem, sie habe entscheidend die kindliche Sehweise geprägt, für die hinter der Rolle kein Mensch mehr existiert.«

»Die hämmernden Schmiede sind verurteilt, ihre soziale Rolle nicht verlassen zu können«

Sieht man im englischen Seebad Brighton – dem Hauptveranstaltungsort für Versteigerungen von

Dampfmaschinen in Brighton

Die unermüdlichen Arbeitssklaven kamen von Bing aus Nürnberg.

Dampfmaschinen – solche Modelle mit feingedrehten Kolben, Wasserpumpen, kunstvoll gegossenen Schwungrädern, kurz die bizarrsten technischen Architekturen, überwiegt bei den meisten die Bewunderung. Die »Entlarvung von Inhumanem« entlarvt eher den Interpreten als Feind der Technik.

Drei vertikale Dampfmaschinen mit oszillierenden und feststehenden Zylindern

Abgesehen davon, daß die Ingenieure im 19. Jahrhundert die Dampfkraft an minutiös ausgearbeiteten technischen Modellen ausprobierten, hat die Spielzeugindustrie etwa ab 1860, als die Dampfmaschine die Welt bereits verändert hatte, damit begonnen, Kleindampfmaschinen für Kinderhand zu fertigen. 1892 konnte einer der großen Nürnberger

Hersteller dieser feuerbeheizten Dampfkraftanlagen seine 300 000ste Maschine feiern. Er hieß Jean Schoenner. Er war allerdings in seiner Mammutproduktion nicht allein: Plank, Falk, Carette, Doll, Bing und Märklin haben hunderttausende solcher Apparate, vom einfachsten Modell bis zum luxuriösen Prachtstück, auf den Markt gebracht.

Die 300 000ste Dampfmaschine

Die realistischen Miniaturstücke hatten alle technische Eigenheiten wie ihre Vorbilder im Großen: Es gab als grundsätzliche Unterscheidung bei den Billigmodellen sogenannte Wackelzylinder, die je nach Lauf der Kolbenstange sich auf und ab bewegten und so den Dampfein- und -auslaß regulierten, oder Maschinen mit regulierbaren feststehenden und doppelt wirkenden Zylindern.

Die Kessel waren entweder senkrecht oder waagerecht und als Sonderform gab es das LOKOMOBIL, das sich selber vorwärtsbewegen konnte. LOKOMOBILE standen damals – speziell der Landwirtschaft – als rollende Antriebsaggregate zur Verfügung.

Bleiben wir bei einer »Phänomenologie des Alten Spielzeugs als Zeitkonzentrat erster Ordnung«, wie Günter Kunert schrieb, so gehört zum Bild der Gründerzeit genausogut wie die Dampfmaschine auch der Steinbaukasten. Er ist das Ebenbild gründerzeitlichen Denkens, gründerzeitlicher Ästhetik und Spielkultur.

Dampfmaschinen und Steinbaukästen als typische Produkte der Gründerzeit

Nicht nur dem Stil der Rathäuser, Turmbauten, Brücken und Monumente, die sich aus den blauen Dachsteinen, roten und beigen Quadern, Säulen, Würfeln und Rundbögen zusammensetzen ließen, haftet die Gründerzeit an. Auch die geschäftliche Entwicklung der Firma zeigt rigorose Züge.

Ehe ein Dr. Richter aus Rudolfstadt die Patente für dieses schwere und gut praktikable Bausteinsy-

Das Patent der Gebrüder Lilienthal

stem erwarb, wurden die Rezepturen für die aus Leinöl, Sandgemisch und Farben gepreßten Steine von zwei berühmten Flugpionieren erfunden und

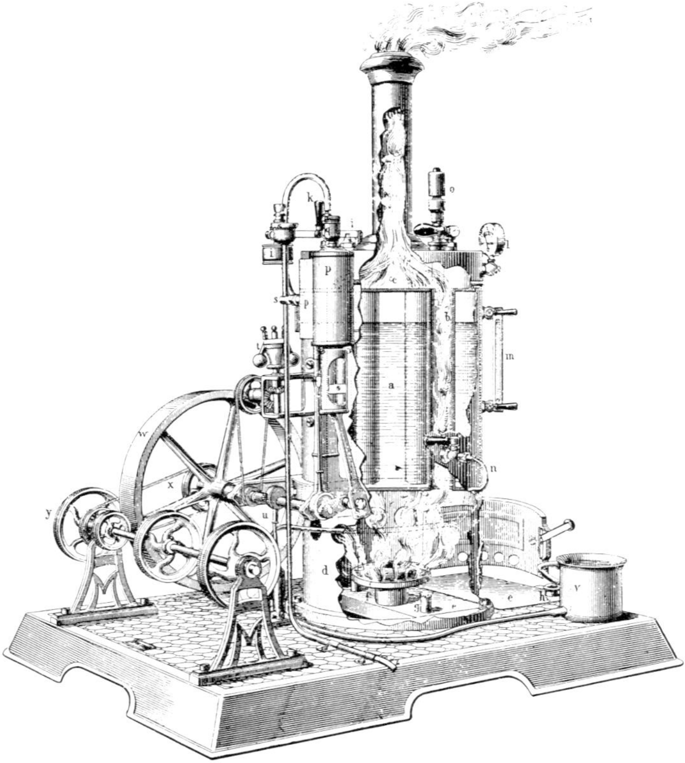

Anatomie einer großen Märklin-Dampfmaschine

patentiert. Es waren die Brüder Gustav und Otto Lilienthal in Berlin, die ursprünglich auf die Idee mit den schweren Baukastensteinen kamen, die, dank ihrer besonderen Struktur aus Sand und Leinöl, aufeinander getürmt, eine optimale Rutschfestigkeit und Statik hatten.

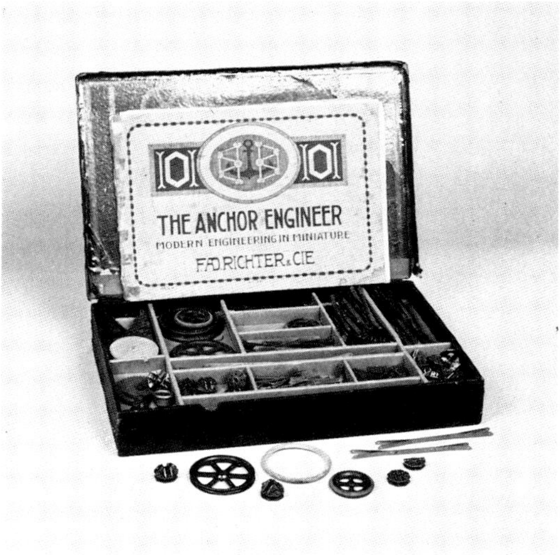

Während Richter mit seinen Anker-Steinbaukästen nach Lilienthalschem Patent Welterfolg hatte, mußten die Flugpioniere mit einem zweiten, ebenfalls von ihnen erfundenem Baukastensystem eine Bruchlandung machen: ihr an Dr. Richter verkauftes Patent verbot ihnen, die kommerzielle Nutzung ihrer neuen Erfindung.

Anker
Baukästen und
Spiele aus
Rudolfstadt

Technik aus dem Baukasten: Von Anker in Rudolfstadt stammen nicht nur die berühmten Steinbaukästen, sondern auch solche technischen Spiele.

Große Spielzeugthemen: Comic und Kino

»Mäusekopf gesucht«

»WANTED: MÄUSEKOPF FÜR MERRY MAKER« – dies ist kein Steckbrief eines Spaßvogels, sondern eine verzweifelte Suchanzeige eines Spielzeugsammlers; Ort des Erscheinens: Chicago. Dort gibt der clevere Dale Kelley die amerikanische Spielzeugzeitschrift ANTIQUE TOY WORLD heraus.
Was mit den MERRY MAKERS, den Fröhlichmachern gemeint ist, muß nicht länger erklärt werden, denn jeder der ANTIQUE TOY WORLD-Leser weiß genau, daß so ein typisches Spielzeug der dreißiger Jahre heißt. Die MERRY MAKERS sind ein Mäuseorchester. Einer der Mickey-Mouse-ähnlichen Figuren sitzt am Klavier, eine fidelt, während eine andere singt und sich die vierte am Waschbrett zu schaffen macht.

Wenn einer der Mäusemusiker von der Western Band den Kopf verloren hat, ist das Ensemble nur die Hälfte wert. Daher blüht der Handel mit Ersatzteilen über Suchlisten. Vielleicht hat einer traurige Überreste z. B. ohne Klavier, der dann für gutes Geld den Kopf mit den runden Ohren abgeben kann.

COMIC STRIP TOYS

Alles, was nach Kino und Motiven der gezeichneten Bildgeschichten entstanden ist, wird als COMIC STRIP TOYS bezeichnet, eine amerikanische Spezialität, obwohl viele Modelle »Made in Germany« sind. Die Annonce eines deutschen Grossisten in Fürth zeigt, was 1933 an Mickey Mäusen in »Germany« produziert wurde. Da gibt es die Drehorgel spielende Mickey Maus von Distler aus Nürnberg. Oben auf der Drehorgel zappelt zum Takt ein wenige Zentimeter großes Mäusekind. Dieses Ensemble wurde komplett bereits in Lon-

1800 Pfund für eine Mickey Maus

don, natürlich in erstklassigem Zustand, für £ 1800 (über 8000 D-Mark) verkauft. Preise in dieser Höhe zahlen Liebhaber für ein komplettes Ensemble, denn meistens fehlt speziell bei diesem Spielzeug die kleine Maus auf der Drehorgel. Sie ist nicht reproduzierbar, da sie aus bedrucktem Blech gestanzt ist. In solchen Fällen hilft dann nur eine Suchanzeige: »WANTED . . .«

Nicht nur Walt Disneys, auch andere Stars aus bekannten Zeichenserien und der Welt des Stumm-

Mäuse machen Musik: MERRY MAKERS *heißt dieser Klassiker von Louis Marx.*

films wurden in Amerika im »Direct Mail«-Versand oder in großen Kaufhausketten angeboten.

Schon um die Jahrhundertwende erschienen die Bildergeschichten der deutschen Familie KATZENJAMMER mit ihren frechen Söhnen Hans und Fritz. Die Streiche der auf Max und Moritz zurückgehenden KATZENJAMMER KIDS gibt es als früheste COMIC

Vorher – Nachher: Entwicklungsmodell und serienmäßig produzierte Fassung von Schucos Charly Chaplin, um 1930

STRIP TOYS aus Gußeisen. Sehr populär wurde auch POPEYE, der Seemann. Aß er Spinat, erhielt die Kartoffelnase übermenschliche Kräfte. BARNEY GOOGLE, FELIX THE CAT, MORTIMER und CHARLIE, FLASH GORDON, BONZO, BOOB Mc NUTT sind weitere Figuren, die den Spielzeugmachern Vorbild wurden. Auch den »lustigsten Mann der Welt«, den stöckchenschwingenden CHARLIE CHAPLIN gab es ebenso, wie HAROLD LLOYD mit seiner randlosen Brille. Auf der Gesuchten-Liste ganz oben stehen: HI-WAY HENRI, POPEYE im

Barney Google, Popeye, Felix the Cat und viele andere

Ruderboot, KATZENJAMMER-Motive sowie FOXY GRANDPA aus der Jahrhundertwende.

Das Komikergespann Charly Mc Carthy und Mortimer Sperd. Den Dandy und den Tölpel gab es als Comic, im Film und als Spielzeug.

Neulich rissen sich amerikanische Sammler auf einer Auktion bei Lloyd W. Ralston um ein kleines Celluloid-Bötchen aus den dreißiger Jahren. Der Gag dieses Badewannenspielzeugs waren die Insassen: DONALD DUCK und MICKEY MOUSE. Dieser Crew ist es zu verdanken, daß der Auktionator dafür $ 1175 herauspokern konnte.

Wegwerfprodukte werden Raritäten

Das größte Geschäft mit der neuen Volkskultur den gezeichneten Bildergeschichten machte ein New Yorker namens Louis Marx. Er überschwemmte die Warenhäuser mit Billigstspielzeug nach dem Motto: Mehr zu bieten für weniger Geld! Ihm half dabei die Preisdegression bei großen Auflagen. Wir wissen, daß dieser Spielzeugkrösus von Startauflagen von über 800000 Stück ausging. Dennoch müssen heute, wo Spielzeug dieser Ära Sammlerstücke geworden sind, die Interessenten

Mickey Mäuse made in Germany. Aus einer Annonce eines deutschen Grossisten, 1933.

tief in die Tasche greifen, denn nur wenige dieser frühen Wegwerfprodukte sind bis heute erhalten geblieben, und: »Seltenheit bestimmt den Preis.«

Lebensstandard als Spielzeugmotiv. Die lithographierten Blechspielzeuge der fünfziger Jahre werden jetzt schon als wichtige Zeitdokumente eingestuft. Das Blechauto stammt von Joustra aus Straßburg.

Die fünfziger Jahre

Aus dem Zeitalter der Nierentische

Auch die fünfziger Jahre liegen schon eine Generation zurück. Wie sich das »Zeitalter der Nierentische« selbst darstellte, erfährt man am verläßlichsten aus so unmittelbaren Produkten wie Spielzeug. Für dieses Jahrzehnt wird es zum aussagekräftigen »Zeitkonzentrat«. Bereits das »Modellzimmer«, wo Spielzeug »Made in US-Zone West Germany« präsentiert wird mit indirekter Beleuchtung, Gummibaumatmosphäre, Linoleum und den modernen zeitlosen Tütenlampen unterscheidet sich ästhetisch um Generationen von dem 1904 aufgenommenem Modellzimmer von Märklin, das auf Seite 81 abgebildet ist. Dennoch beginnen die Produkte dieser Zeit auf die Generation zu wirken, die nicht mehr aus dieser Epoche stammt. Sie sucht

Eha-Musterzimmer im Nierentischstil.

Nicht nur die Jahrhundertwende, auch die fünfziger Jahre sind schon Spielzeuggeschichte. Katalogseite von Eha aus den frühen fünfziger Jahren.

sich das beste Bild dieses ersten Jahrzehnts nach dem Krieg, als es wieder aufwärts ging. Die geschwungenen zeitlosen Formen und die Pastellfarben durch die rosarote Brille des zeitlichen Abstands gesehen, verfehlen ihre Wirkung nicht.

Hauptthema dieser frühen Jahre nach dem Krieg war der Lebensstandard, der auch die Spielzeughersteller auffallend interessierte. Die Wohlstandsziele des kleinen Mannes, adrett umschrieben mit wohlklingenden Namen wie »Lambretta, Vespa, Isetta, Goggo«, haben nicht nur deutsche, sondern auch japanische Firmen im Kleinen als Spielzeug realisiert.

»Made in Japan« und »Made in US-Zone West Germany«

Bei der Wiederentdeckung der Wunschbilder von gestern stößt man immer wieder auf das »Made in Japan« und jenes »Made in US-Zone West Germany« – Ursprungskennzeichnungen, die inzwischen salonfähig geworden sind.

Auch die Wiedergabe des luxuriösen Lebensstandards ließen sich die Spielzeugproduzenten nicht nehmen. Hier gilt das große Auto – wie in Wirklichkeit – als »Goldenes Kalb«. Die amerikanischen Straßenkreuzer der Marken Cadillac und Chrysler

Wiedergabe des Lebensstandards

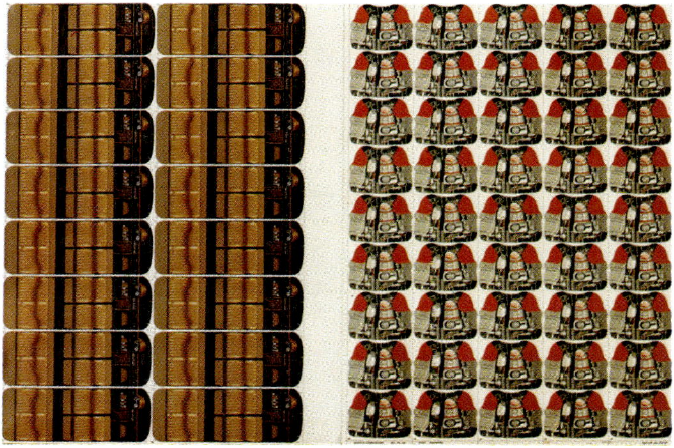

konkurrieren mit Mercedes Cabriolets in Ponton-Form und den frühen weichen Porsche-Karosserien.

Wer nicht für möglich hielt, daß die fünfziger Jahre einmal in das Sammlerinteresse rücken würden, wird eines besseren belehrt, wenn er Spielzeugpreislisten durchgeht, die typische Fünfziger-Jahre-Produkte dem Sammler offerieren. Rot lakkierte Cabriolets in moderner Ponton-Form als »Fahrschulauto für Jung und Alt« mit Original-Sportwagenschaltung für vier Gängen von Schuco liegen, je nach Zustand, zwischen 200 bis 400 D-Mark, hervorragende Blech-Straßenkreuzer von

Die fünfziger Jahre im Sammlerinteresse

Popart oder Spielzeug? Der französische Rennwagen aus den sechziger Jahren ist beides.

Links: Nicht verwendete Bleche als Kunstwerk: Als die Firma Schuco schloß, entdeckten viele Sammler die Schönheit der nicht mehr verwendeten Bleche.

Günthermann rangieren in derselben Preisklasse. Distlers Porsche mit vier Gängen und Zündschlüssel kommen schon auf 600 bis 700 D-Mark, eine Variante der deutschen Marke Neuhirl mit verschiedenen Geschwindigkeiten liegt bei 500 D-Mark. Ein von Distler herausgebrachter Mercedes Cabrio sowie Schucos Kommandoauto – das beim Kommando »Ab!« losfährt und auf »Stop!« anhält, wenn beim Sprechen ein scharfer Luftstrom am Ende des Kommando-Wortes durch Blasen oder Pusten erzeugt wird und stark genug auf das Schutzgitter des Daches trifft – übertreten als typische Fünfziger-Jahre-Spielzeuge bereits die 500-Mark-Grenze.

Obwohl viele der Ideen noch vor dem Zweiten Weltkrieg entwickelt wurden, kamen die meisten Modelle erst nach Kriegsende groß heraus. Das schon 1937 produzierte Kommandoauto gab es erst nach dem Krieg in Deutschland, denn es wurde vor 1939 ausschließlich exportiert.

Für viele Spielzeugsammler ist es nach wie vor eine offene Frage, warum 1976 ein so renommiertes Unternehmen wie Schuco Konkurs angemeldet hat, denn sowohl in der Farb- und Formgebung, wie man aus den auf Seite 114 abgebildeten noch unbenutzten Blechen aus der Konkursmasse ersehen kann, als auch in den naturgetreuen Nachbildungen technischer Funktionen hatte Schuco einen unverkennbaren Stil. Vielleicht waren die weich flie-

Der Schuco-MIRAKO-CAR 1001 fährt auf jeder Fläche, ohne herabzufallen. Schon 1936 entwickelt, ist er in den 50er Jahren immer noch ein Bestseller.

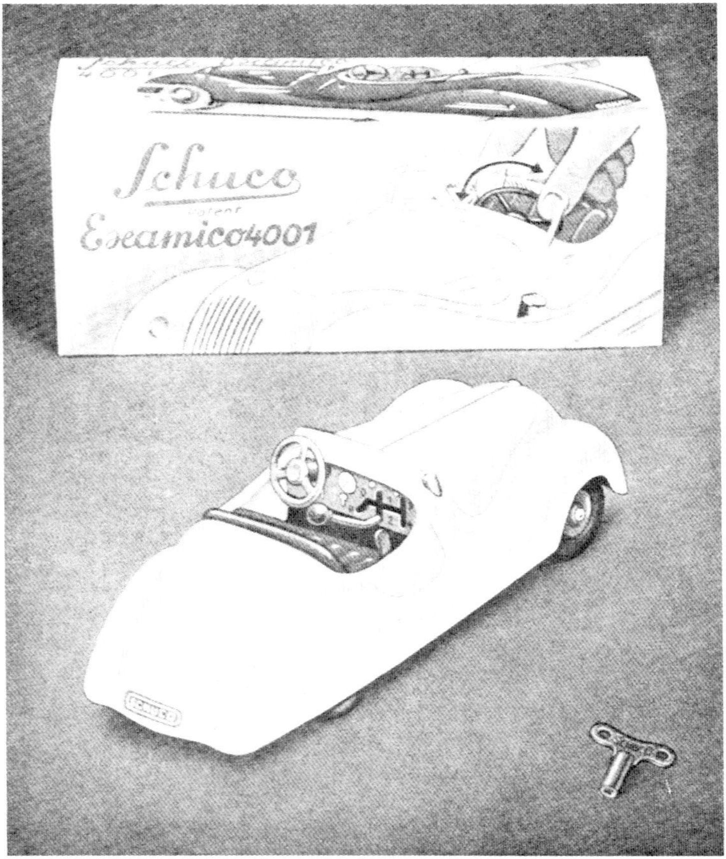

EXAMICO 4001 – ein eleganter BMW als Fahrschulauto von Schuco

ßenden Automodelle mit ihrer intelligenten Technik in den siebziger Jahren zu sehr im Geschmack der damals viel geschmähten Nachkriegsjahre. Heute hat Schuco wieder großen Welterfolg – als Nr. 1 der neueren Spielwarenproduzenten.

Im Spielzeug hatte die Zukunft schon vor Jahrzehnten begonnen. Die fliegende Untertasse stammt aus Japan und ist batteriebetrieben.

Roboter und Weltraum: die Zukunft von gestern

Buck Rogers im fünfundzwanzigsten Jahrhundert

Das fünfundzwanzigste Jahrhundert hatte 1929 schon begonnen, zumindest für amerikanische Zeitungsleser. Damals erschien täglich die gezeichnete Bildergeschichte »Buck Rogers in the 25th Century«. Der Held war nach 500jährigem Tiefschlaf, in den er durch radioaktives Gas versetzt worden war, erwacht und kam nun, um mit raketenbetriebenen Raumschiffen, Anti-Schwerkraftgürteln und Strahlenkanonen den Kampf mit dem Bösen aufzunehmen. Seine mit dekorativen Flossen ausgestatteten Raumschiffe – eine Mischung aus U-Boot, Jules Verneschen Geschossen und Rakete – gab es in Amerika zunächst aus Gußeisen als VENUS DUO-DESTROYER, BATTLE CRUISER und FLASH BLAST ATTACK SHIP.

Links: Szene aus einem MGM-ScienceFiction-Film
Rechts: Die Miniatur des dienstbaren Geistes als Spielzeug

Spielzeug zum Mond

Den Flug zum Mond als touristische Attraktion bot der Großunternehmer Marx schon Ende der dreißiger Jahre mit seinem MOON RIDER. Bequem wie in einem Omnibus sitzen die Passagiere in Polstersesseln, während Hostessen Popcorn und Erfrischungen reichen. Selbstverständlich sieht man im verglasten Cockpit die Piloten in Raumanzügen hinter Meßgeräten und Armaturen.

SPACE COLLECTORS

SPACE COLLECTORS – Weltraum-Objekt-Sammler – nennt sich jene kleine Gruppe in Frankreich, USA und Japan, die alles sammeln, was die Spielzeugindustrie seit den dreißiger Jahren zum Thema Raumfahrt herausgebracht hat. Und das ist nicht wenig. Da diese Themen in Deutschland nicht so populär waren, konnte sich hier die Subkultur der Roboter und Astronauten Fans nicht oder noch nicht überzeugend etablieren. Die Amerikaner dagegen bekommen bei Chiffren wie ROBBY THE ROBOT, ACTION PLANET ROBOT, MECHANIC ROBOT und SPACE ROBOT TROOPER glänzende Augen.

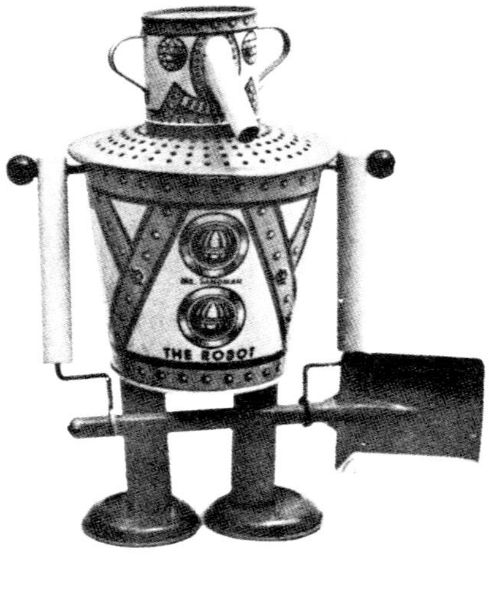

Wie ein Bild des Manieristen Arcimboldi: Aus Gießkanne, Sieb, Eimer und Sandschaufel zusammengesetzt ist der MISTER SANDMAN. Ein Stück Science Fiction für die Kleinsten.

Gedruckte Schaltungen, aufgedruckte Klappen und Lüftungen, ein Bauchfenster mit Blick ins technische Innenleben eines Roboter, Leuchtaugen, Blinklichter und schnarrende mechanische Bewegungen, drehbare Antennen und Funkenflug schätzen amerikanische Sammler mehr als die großväterlichen Gags des Jahrhundertwende-Spielzeugs. Sind die Weltraumobjekte außerdem noch in den Originalschachteln, bedruckt mit kühnen Perspektiven wie auf Science-Fiction-Romanheften, verpackt, zahlen sie gerne den doppelten Liebhaberpreis!

Die Japaner erobern die Galaxis:
MISTER ATOMIC ist heute der meist gesuchte Roboter. Selbst wer über 1000 $ zu zahlen bereit ist, kann nicht sicher sein, ob er den Koloß aus Plastik und Blech auch bekommen kann. Wer ihn hat, behält ihn auch.

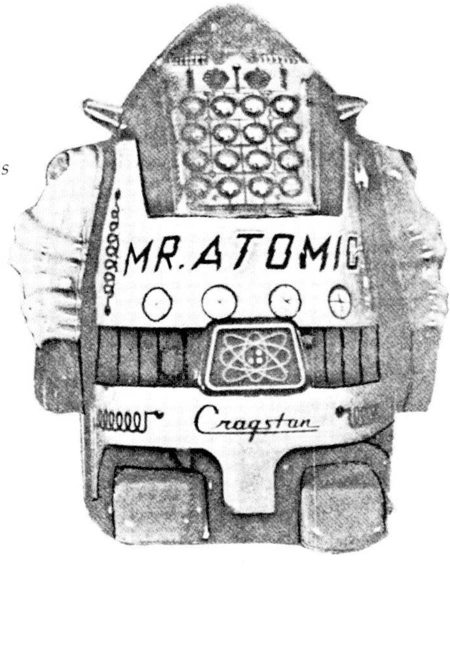

Zu schwer zum Fliegen: Zeppelin von Tipp & Co. über Blériots Eindecker von Gunthermann.

Begehrte Spielzeuge der Kaiserzeit und der 30er Jahre

Für die Robotersammler hat sich in der Beurteilung der Herstellungsländer die Welt verändert: Das vielgeschmähte Japan steht bei ihnen an erster Stelle. »Die kreative Leistung der Japaner ist auf diesem Gebiet derart ungewöhnlich, daß ihre Produkte der fünfziger und sechziger Jahre für die nächste Generation sicher denselben Stellenwert haben werden wie das Spielzeug der deutschen Kaiserzeit,« meint ein englischer Experte zu diesem Thema. Die Spekulation mit dieser »Zukunftsmusik von gestern« hat erst begonnen.

Bei den Recherchen zu diesem Buch bin ich vielen Spielzeugsammlern begegnet. Sie waren von echter Sammlerleidenschaft besessen. Da begaben sich Amerikaner nach Japan in der Hoffnung, vielleicht dem seltenen MISTER ATOMIC zu begegnen, fuhren Deutsche und Engländer ins französische Chartres, um auf der Spielzeugauktion den angebotenen BLERIOT-EINDECKER von Günthermann für 3000 D-Mark zu erwerben. Ein Spielzeugfreund aus Philadelphia bereiste regelmäßig Europa, um seine ohnehin schon große Zeppelinsammlung durch seltene Exemplare dieser inzwischen ausgestorbenen Luftschiffe zu bereichern.

Spielzeugsammler, die ewigen Romantiker

Selbst wer schon viel besitzt, wird in einem vertraulichen Gespräch offenbaren, was er sich noch erträumt und was er noch unbedingt haben möchte. Gerade auf der Suche nach dem noch fehlenden Stück erweist sich der Spielzeugsammler nicht nur als Geschäftsmann mit starkem Erwerbstrieb, sondern auch als ewiger Romantiker.

Adresse des Autors:
Dr. Albrecht Bangert, Peter-Paul-Althausstraße 9 f
8 München 40

Empfehlenswerte Literatur

Wenn man zum Thema Spielzeug heute Literaturempfehlungen geben soll, stehen mehr als hundert Titel zur Verfügung. Daher muß eine Auswahl getroffen werden – zwangsläufig nach subjektiven Maßstäben. Dabei sollten nur leicht erreichbare Titel erscheinen, denn viele Abhandlungen sind heute selber schon gesuchte Raritäten. Versucht man, ausgefallene Titel zu erwerben, muß man oft lange warten und dann tief in die Tasche greifen.
So wurde neulich das erst 14 Jahre alte Buch **L'Age d'Or des Jouets Anciens** von Jac Remise in Paris für 2200 Francs verkauft. Englische Ausgaben dieses Titels kosten inzwischen von 300 bis 500 D-Mark. Originalkataloge sind oft sogar noch teurer, so daß man hier auf die sehr praktischen Reprints zurückgreifen sollte.

Das größte Unternehmen im Reprintbereich ist unter dem Titel **Die Anderen Nürnberger** erschienen.

Die Anderen Nürnberger
Herausgeber Carlernst Baecker/Dieter Haas

Band 1: Karl Bub, Johann Distler, Georges Carette, Doll & Cie.
Band 2: J. Falk, S. G. Günthermann, Gebr. Fleischmann, Jos. Kraus & Co., Ernst Paul Lehmann
Band 3: Johann And. Issmayer, Ernst Plank, Georg Levy, Tipp & Co.
Band 4: Gebr. Einfalt, Emil Hausmann, Jean Schoenner, Conrad Klein, A. Schumann
Band 5: Karl Arnold, Moses Kohnstam, Karl Bub, Rock & Graner, Georges Carette, Schuco

Diese Bände werden über die Firma Hobby Haas, Braubachstraße 36, 6 Frankfurt/Main vertrieben.

Weitere Literatur zum Thema Spielzeug:

Mary Hillier, **Automata & Mechanical Toys,** London 1976

Die Welt aus Blech – Mechanisches Spielzeug aus zwei Jahrhunderten, Ausstellungskatalog, Mainz 1981

David Pressland, **Die Kunst des Blechspielzeugs,** London/Zürich 1976

Margot Brauch/Albrecht Bangert, **Blechspielzeug** – Mechanische Raritäten und ihre Hersteller, München 1980

Jac Remise, **L'Argus des Jouets anciens 1850–1918,** Paris 1978

Zeitschriften bieten sowohl Berichte als auch interessante Annoncen

Puppen & Spielzeug
Ursula Gauder-Bonnet
Obere Weinsteige 68
D-7000 Stuttgart 70
erscheint vier Mal im Jahr in Stuttgart

Antique Toy World
Dale Kelley
3941 Belle Plaine
Chicago 60618
erscheint jeden zweiten Monat in Chicago

Der Herausgeber Dale Kelley besorgt auch amerikanische Sammlerspezialitäten wie:

Kenny Harman, **Comic Strip Toys,** Des Moines 1975 oder Katalogreprints von **Schoenhut's HUMPTY DUMPTY CIRCUS** oder Pierre Boogaerts Roboterbuch: **Robots.**

In Deutschland haben sich auf die oft sehr schwierige Beschaffung von Sammlerliteratur folgende Firmen spezialisiert:

Walther König
Breite Straße 93, 5 Köln 1
und
Schroeder's Sammler Buchladen
Postfach 110624, 4 Düsseldorf 11

Zum Aufbau einer Dokumentation sind die Abonnements von Auktionskatalogen empfehlenswert. Die Adressen der maßgeblichen Auktionshäuser sind in den Bildnachweisen von Band 1–4 aufgeführt.

Über den Autor:

Man muß selber intensiv sammeln, internationale Auktionen und Tauschbörsen besuchen, um verläßliche Insiderinformationen zu bekommen, dazu alle bisher erschienene Literatur kennen. Mit beidem hat sich der Autor jahrelang beschäftigt.
Als promovierter Kunsthistoriker, Jahrgang 1944, ist er auf das Thema Kunst und Industrie spezialisiert. Bisherige Bücher zu diesem Thema: Thonetmöbel, Lampen 1890–1930, Glas, Jugendstil/Art Déco, Blechspielzeug.

Bildnachweis Allen, die geduldig ihre Sammlerstücke mir zum Photographieren überlassen haben, sei herzlich gedankt.

Auktionshaus Jean-Pierre Lelièvre
1bis Place Général de Gaulle 2800 Chartres,
6/7/10/26/27/66/73/75/82/83/86/90/94/98/99/102/103/110/115/123

Altes Spielzeug, Maximilian Fritz, München 43/47/54/55/62/63

Stadtmuseum München 23

Walter Mikorey, München 118

Klaus Albrecht, Hinterskirchen b. München 34/35/67/106/107

Jean Thuysbaert 94/95

Second London International Antique Toy & Doll Convention
18/50/51/58/59

Auktionshaus Christie's South Kensington 85 Old Brompton Road, London SW7 30/31/105

Auktionator Klaus Graeber, Hohenstein 73, 56 Wuppertal 2 80

Sotheby's Belgravia, 19 Motcomb Street, London SW1 60/69/77

Sotheby Parke Bernet, 1335 York Avenue, 10021 New York 12/13

Privatsammlungen 15/42/70/79/84/85/104

Die Anderen Nürnberger, Hobby Haas, Braubachstr. 36,
6 Frankfurt/M. 38/39/112/113/116/117

Antique Toy World, Dale Kelley, 3941 Belle Plaine, Chicago 60618
120/121/122

Zeitgenössische Dokumente
20/33/37/40/44/45/46/48/49/61/64/65/88/89/92/93/105